위드코로나시대
다음세대 신앙리포트 2

위드코로나시대 다음세대 신앙리포트 2

초판 1쇄 발행 2023년 2월 1일
초판 1쇄 발행 2023년 2월 7일

지은이 이현철 안성복 백경태 김종용 박건규 이자경
펴낸이 유동휘
펴낸곳 SFC출판부
등록 제104-95-65000
주소 (06593) 서울특별시 서초구 고무래로 10-5 2층 SFC출판부
Tel (02)596-8493
Fax 0505-300-5437
홈페이지 www.sfcbooks.com
이메일 sfcbooks@sfcbooks.com
기획·편집 편집부
디자인편집 최건호
ISBN 979-11-87942-78-8 (03230)
값 12,000원

잘못 만들어진 책은 언제든지 교환해 드립니다.

위드코로나시대
다음세대
신앙리포트 ❷

이현철 안성복 백경태 김종용 박건규 이자경

SFC

목차

추천의 글 **7**

서문 **9**

통계 수치를 어떻게 해석하지요? **13**

Ⅰ. 위드코로나 시대와 다음세대

1. 코로나 시대의 다음세대 변화 **18**
2. 코로나 시대의 다음세대 신앙 위기 **25**

Ⅱ. 코로나 시대 교사의 역할

1. 교회 내 청소년과 교사 관계의 중요성 **34**
2. 코로나 시대 교사 및 사역자의 전문성 **42**

Ⅲ. 코로나 시대 SFC 사역 및 활동

1. 교향 프로젝트 **50**
2. 방구석 온라인 수련회 '질그릇에 담긴 보배' **51**
3. SFC 못자리 - 매년 1월의 겨울중고생대회 **52**
4. SFC 전국중고생대회(여름) **53**
5. 해외비전트립 **54**
6. 코로나 시대 청소년 신앙 리포트 **54**
7. 청소년들을 위한 십! 십! 십! **55**

Ⅳ. 연구대상 및 분석방법

1. 교회학교 교사 58

2. 대학생 60

3. 코로나 블루 청소년 62

4. 설문 내용 63

5. 분석 방법 64

Ⅴ. 연구결과

1. 교사(전체) 68

2. 중고등부 교사 92

3. 대학생 116

Ⅵ. 한국교회를 위한 정책 제안

한국교회를 위한 정책 제안:
「Creative Ministries 2025 for the YOU.T.H. *plus(+)*」의 고도화 140

부록

1. 2021년 version Creative Ministries 2025 for the YOU.T.H 177

2. 2022년 version Creative Ministries 2025 for the YOU.T.H. *plus(+)* 197

3. 설문지 217

추천의 글

이 책은 코로나19 시대를 오롯이 살아낸 교사들에 대한 이야기를 담고 있습니다. 교회 교육에 있어 가장 중요한 축을 담당하는 교사들을 여섯 가지 영역들로 톺아보면서 그들을 더 잘 섬기기 위한 실제적인 방안들로 채워져 있습니다. 신실한 교사들을 통해 한국교회의 다음세대가 온전히 세워질 것을 확신하며, SFC는 지금도 한 영혼을 붙들고 울며 기도하는 선생님들을 응원합니다. 교회교육을 고민하는 모든 분들에게 자신 있게 이 책을 추천합니다.

허태영(전국SFC대표간사)

다들 다음세대가 어떻게 될까 고민하고 있습니다. 이 책은 한국교회의 다음세대를 책임지고 있는 교회학교 교사들에 대한 연구입니다. 교사들의 전인격적인 삶(신체적/육체적, 지성/교양, 정서, 사회성, 윤리/도덕성, 신앙의 여섯 가지 영역)의 관리를 연구했습니다. 기독교 교육전문가, 통계 전문가, 그리고 현장 전문가들이 함께 수고하고 협력한 연구의 귀한 결실입니다. 이 책이 고신교회뿐 아니라 다음 세대를 살리고자 하는 한국교회 현장에서 필독서가 될 것이라 확신하며 추천합니다.

권오헌 목사(고신총회장)

이번 연구는 위드코로나 시대의 다음세대 사역자들이 무엇을 준비하고, 어떻게 사역해나가야 할 것인가를 실증적으로 보여주고 있습니다. 교회를 위한 연구가 어떻게 학문적으로 구현되어야 할지를 잘 담아내고 있을 뿐만 아니라 현장 목회자들의 언어로 쉽게 설명하고 있기에 학문성과 현장성 모두를 놓치지 않고 있습니다. 코로나19의 상황 속에서 교회 사역의 한계를 느끼고 있는 사역자들이라면 이 책을 강력하게 추천합니다. 위드코로나 시대의 교회사역을 위한 분명하고도 실제적인 답을 만나실 수 있을 것입니다.

이병수(고신대학교 총장, 선교학)

본서는 참담하게 무너져가는 한국교회의 중고등부 현실을 바르게 직시하고 과연 현장의 사역자들이 무엇을 준비해야 하는가에 대해 잘 알려주고 있습니다. 전문적인 학식뿐만 아니라 현장 간사들의 목소리도 함께 포함되어 있어 이 책을 통하여 더욱 다각도로 미래 사역을 준비할 수 있을 것으로 기대합니다. 그저 말로만 하는 대안이 아니라 여러 가지 통계 자료로 신빙성을 더한 것도 괄목할 만합니다. 포스트코로나, 위드코로나 시대 가운데 현장에서 어려움을 겪는 중고등부 사역자들과 미래 사역을 준비하는 모든 사역자에게 이 책을 강력히 추천합니다.

옥경석(고신총회 SFC 지도위원장)

서문

우리는 교회와 다음세대 사역의 피벗pivot이 필요한 시대를 살아가고 있다.

코로나19로 인해 우리의 사역 현장은 과거와는 다른 환경을 직면하고 있으며, 기존의 방식이 아닌 새로운 사역의 방식을 고민하게 만들고 있다. 그동안 우리는 전쟁과도 같았던 비대면의 교회 사역 상황을 견디며 왔으며, 이제는 '위드코로나 시대'를 어떻게 사역해 나갈 것인가를 준비해야 할 시점이 이르렀다. 하지만 이와 관련된 우리의 준비와 대비는 충실하게 이루어지지 못했고, 현장 사역자들은 잘 준비된 자신감보다는 '두려움과 답답함'을 토로하고 있는 실정이다.

그동안 학생신앙운동SFC와 고신총회교육원은 두려움과 답답함으로 잠 못 드는 사역자들에게 손에 잡히는 전략과 방안들을 던져주기 위해서 노력해왔다. 이 기관들은 힘 있게 동역하면서 「위드코로나 시대 다음세대 신앙양육을 위한 교회사역 방안」 연구 프로젝트를 기획하였으며, 각 기관의 특성과 의미를 살펴 지속적으로 연구를 수행하였다. 학생신앙운동SFC은 한국교회의 다음세대로서 청소년과 대학생들에게 집중하여 심층적인 분석을 시도하였으며, 고신총회교육원은 교회 사역 전반에 집중하여 코로나 시대 교회사역의 전반적인 방향성과 트렌드를 탐색하고자 노력하였다. 이는 구체적으로 『위드코로나 시대 다음세대 신앙 리포트』(SFC, 2022), 『2022 교회사역 트렌드』(생명의 양식, 2022)로 출간되어 교회와 사역자들에게 반향反響을 일으켰다.

본서는 학생신앙운동SFC가 추구하고 있는 한국교회의 다음세대에 대한 내용을 연속성 속에서 이어가고자 수행되었다. 특별히 이번에는 한국교회의 다음세대를 책임지고 있는 교회학교 교사들의 전인격적인 삶에 집중하여, 그들의 신체적(육체적) 관리, 지성 및 교양 관리, 정서 관리, 사회성 관리, 윤리(도덕)성 관리, 신앙 관리 등의 여섯 가지 영역을 살피고자 하였다. 이는 위드코로나 상황 속에서 사역자로서 그들이 자신의 삶을 돌아보고, 교육 전문가로서 무엇에 집중하며 준비해야 할 것인가에 대한 해답을 주고자 진행되었으며, 해당 영역들을 개선시켜나가면서 전문성과 역량을 전인격적으로 세워나감에 목적을 두고 수행되었다. 이러한 접근은 교회학교 교사와 관련하여 특정한 영역만을 집중한 것이 아니라 그들의 사역과 관련된 지성, 사회성, 감성, 영성 등의 총체적 접근 탐색을 추구하고자 시도된 것이다. 이는 그동안 특정한 영역만을 집중한 연구 동향의 한계도 극복케 하는 주요한 측면이 될 수 있을 것으로 확신한다.

「위드코로나 시대 다음세대 신앙양육을 위한 교회사역 방안」 연구 프로젝트의 일환으로 진행되는 이번 작업은 학계와 현장전문가의 협업을 통한 연구라는 특징과 의의를 지닌다. 이 과정에서 연구진으로 참여한 안성복, 백경태, 김종용, 박건규, 이자경 간사님의 노고는 이루 말할 수 없이 컸다. 이들은 현장사역 및 다음세대 사역에 있어 최고의 전문가들이며, 이론과 실제를 겸비한 목회자들이다.

또한 「위드코로나 시대 다음세대 신앙양육을 위한 교회사역 방안」 연구 프로젝트는 많은 분들의 후원으로 진행되고 있는데, 교회비전연구소, 남서울교회, 미래포럼, 안양일심교회, 진주성광교회, 창원한빛교회 그리고 각 교회 성도님들의 사랑을 잊을 수 없다. 이들의 한국교회와 다음세대를 향한 엄중한 사명감이 우리의 연구가 지속적으로 이루어질 수 있도록 하는 데 원동력이 되고 있다. 이 자리를 통해 다시 한 번 더 깊은 감사의 마음을 전한다.

한국교회와 다음세대는 격랑激浪같은 시대를 걸어가고 있지만 확실한 것은 그 속에서도 삼위하나님의 인도하심과 은혜의 손길은 변함없다는 것이다. 이 믿음 안에서 부디 이번 연구가 두려움과 답답함 속에서 밤잠을 설치고 있는 사역자들에게 돌파구요, 하나님 나라 확장을 위한 우리 모두의 노력에 힘이 되길 소망한다.

Soli Deo Gloria!

2023년
저자 일동

통계 수치를 어떻게 해석하지요?

이 책의 분석결과들을 효과적으로 활용하기 위해서는 제시된 다양한 자료들을 정확하게 해석하고 이해할 수 있는 역량이 필요하다. 실제로 해당 과정은 대학원 과정의 전문적인 학습 과정이 요청되는 사항이지만 독자들의 상황을 고려하여 약식으로 주요한 요소들만을 설명하고자 한다. 여기에서는 '빈도와 퍼센트%, 집단 간의 차이 분석, 요구도 분석' 등의 결과를 해석하는 몇 가지 팁 tip을 소개하고자 하며, 그 내용은 다음과 같다.

[통계 분석 결과표 해석 꿀팁 (1)]

통계 분석 결과표 해석에 있어 문항의 주요 사항과 관련된 점수 기재 의미를 파악하는 것은 결과 해석에 필수적인 과정이다. 이 책의 본문에서 제시된 분석표와 그림들을 통해서 직관적으로 이해될 수 있는 자료들도 있지만 어떤 항목들은 [부록]에 제시된 설문문항을 살펴보고 그 의미를 정확하게 파악하는 것이 중요할 것이다.

아래의 설문 문항은 대학생들의 교회 옮김에 대한 인식을 확인하는 문항인데 그것에 대한 인식을 파악하기 위하여 5점 척도로서 '5점: 매우 그렇다, 4점: 그렇다, 3점: 보통이다, 2점: 그렇지 않다, 1점: 전혀 그렇지 않다'로 구성된다. 즉, 해당 항목에 대한 응답자들의 평균 수치를 문항의 척도 점수의 의미와 매칭시켜서 확인해야 한다. 특정 문항의 경우 3점 척도로 구성되었음을 유념하면서 분석 결과표를 살펴 보기 바란다.

항목	매우 그렇다	그렇다	보통 이다	그렇지 않다	전혀 그렇지 않다
1) 나는 향후 다른 교회로 옮길 의향이 있다.	⑤	④	③	②	①
2) 나는 향후 신앙생활을 포기할 의향이 있다.	⑤	④	③	②	①
3) 나는 목회자로 인해 교회를 떠나고자 고민해 본 적이 있다.	⑤	④	③	②	①
4) 나는 목회자의 비윤리적 행동 때문에 교회를 떠나고자 고민해 본 적이 있다.	⑤	④	③	②	①

[통계 분석 결과표 해석 꿀 팁 (2)]

[학교급별 코로나19 이전과 이후의 신체적 건강 상태 인식 차이]

(단위: 점(5점 척도))

구분		코로나19 이전	코로나19 이후	평균차이	t값 ①
전체		② 3.83	3.60	-.225	-6.692***
학교급	중학교	3.88	3.61	-.270	-5.482***
	고등학교	3.77	3.53	-.236	-3.837***
	기타 (홈스쿨링, 대안학교)	③ 3.80	3.69	-.102	-1.533

**$p<.01$, ***$p<.001$

위의 표를 살펴볼 때 가장 먼저 확인해야 할 것은 t값 '*'(①)이다. '*'는 통계적으로 '유의미한 차이가 있는가' 혹은 '통계적으로 차이가 없는가'를 확인시켜주는 표시이다. 일단 '*'가 있다면 '유의미한 차이가 있다는 것이다. 위의 결과표에 따르면 코로나19 이전과 코로나19 이후의 신체적 건강 상태 인식의 전체 평균은 통계적으로 유의미한 차이(①)가 나타나고 있다. 즉, 3.83점과 3.60점으로 매우 근소한 평균의 차이(②)가 나고 있으며, 그 차이는 통계적으로 의미있는 차이로서 코로나19 이 후의 건강 상태에 대하여 이전 보다는 부정적인 인식을 보이고 있다는 것이다. 한편 기타 구분의 평균은 3.80과 3.69점으로 근소한 평균의 차이(③)가 나고 있지만 t값(①)에 '*'가 없기에 통계적으로 무의미한 차이를 보이고 있다. 이는 홈스쿨링과 대안학교 집단의 경우 코로나19이전과 이후의 건강상태 인식 비교에 있어 유사한 인식적 수준을 보이고 있다는 것이다.

[통계 분석 결과표 해석 꿀 팁 (3)]

청소년 및 대학생들의 The Locus for Focus 모델 분석 자료는 그림만 보면 된다. 코로나 시대 청소년들이 인식하고 있는 신앙생활의 '미래 중요 수준'과 '현재 불일치'를 교차 분석한 것이다.

먼저 제1사분면(HH)은 바람직한 수준의 평균과 불일치 수준의 평균이 모두 높은 분면으로 최우선적 요구로 분류되는 영역, 제2사분면(HL)은 바람직한 수준은 낮지만 불일치 수준은 높은 분면, 제4사분면(HL)은 바람직한 수준의 평균은 높지만 불일치 수준이 낮은 요구로 차순위 요구군 영역, 제3사분면(LL)은 바람직한 수준도 낮고 불일치 수준도 낮은 요구로 우선적으로 고려되어야 할 요구로 보기 어려운 영역으로 보면 된다.

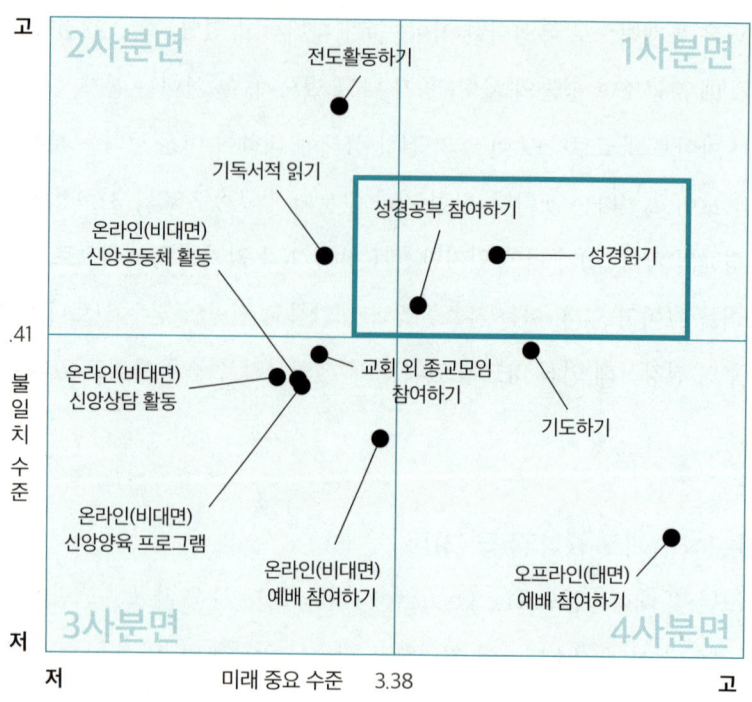

[그림] 코로나 시대 청소년의 신앙생활에 대한 요구도 분석 예시

위의 제시된 분석 결과를 보시면 제1사분면에 포함되는 신앙생활은 성경읽기와 성경공부 참여하기였고, 제2사분면에는 전도활동 하기, 기독서적 읽기였으며, 제3사분면에는 교회 외 종교모임 참여하기, (온라인 비대면)신앙상담 활동, (온라인 비대면)신앙공동체 활동, (온라인 비대면)신앙양육프로그램, (온라인 비대면)예배 참여하기였고, 제4사분면에 포함되는 신앙활동은 기도하기와 (오프라인 대면)예배 참여하기로 나타났다. 절대 어렵지 않다. 제1사분면에 집중!

I
코로나 시대와 다음세대

1. 코로나 시대의 다음세대 변화

　코로나19 바이러스가 세상에 출현한 지 어느덧 3년이 지나고 있다. 코로나로 인해 겪었던 고통을 과거형으로 말하는 사람들도 있지만 우리의 주변과 일상을 돌아보면 여전히 그 고통은 현재진행형이다. 백신이 개발되고, 접종률이 올라가고, 이미 많은 사람들이 코로나를 겪었음에도 불구하고, 금방 끝날 것 같던 코로나는 여전히 새로운 변이에 변이를 거듭하고 있다. 3년이 지난 지금도 여전히 코로나가 새로운 변이 바이러스로 우리 안에 존재하고 있다는 것은 이로 인한 우리 일상도 지금도 수없이 많은 변이에 변이를 거듭하고 있다는 말과도 같다.

　다음세대도 예외는 아니다. 코로나 이후로 우리 사회는 자라나는 아이들에게 더 이상 불안정과 불확실성에 대한 어떠한 답도 내려줄 수 없는 상황이 되어버렸다. 코로나는 마치 도미노처럼 붙잡을 수 없는 속도로 빠르게 연속적으로 또 다른 변화를 만들어내고 있다. 코로나 이후로 다음 세대들이 일상에서 겪고 있는 변화들은 어떠한 것들이 있을까?

(1) 정서의 변화

관계로부터 고립된 아이들

　신종 코로나바이러스 감염증(코로나19) 때문에 학교에 가는 날이 줄어들면서 1학년들은 친구 관계도 확장하지 못하고 있는 것으로 나타났다. 중앙일보가 지난 10월 14일~11월 5일 초·중·고 신입생 227명에게 친구 관계 현황을 물었다. 반 평균 학생 수는 27.5명, 이름을 아는 친구는 18.3명(66.6%)이라고 답했다. 이름을 아는 친구는 학급의 명단을 보고 왼 것일뿐, 실제 대화나 놀이를 통해

기억에 남을 관계를 맺은 친구는 거의 없었다.[1]

새학기가 되고 새학년이 되면 아이들은 새로운 관계와 환경에 대한 불안도 있지만 동시에 기대감도 함께 커져간다. 이전보다 더 나은 자신을 기대하고, 성장할 자신을 기대하게 되기 때문이다. 하지만, 아이들은 학교에 갈 수 없었고, 친구들과 노는 시간보다는 집에 홀로 있는 시간을 선택해야 했다. 새롭게 바뀐 담임선생님과 같은 학급의 친구들을 1학기 내내 몇 번 보지 못하기도 했다. 만난다고 하여도 학교생활 내내 마스크를 쓴 채 생활을 하다 보니 서로의 이름을 다 외우지 못하고, 얼굴을 알아보지 못한 채 입학해서 졸업하는 아이들이 생겨나는 웃기지만 씁쓸한 이야기도 생겨버렸다.

사회적 거리두기로 인해 아이들이 관계를 맺을 수 있는 모든 환경이 폐쇄되어버렸다. 본인의 선택이 아닌 타의로 인해 단절된 관계들은 아이들을 사회적으로 고립시켰다. 학교라는 공간과의 단절이 모든 관계에 대한 심각한 고독감과 외로움을 안겨다 주었다. 청소년 시기는 그 어느 때보다 소속감과 자기 정체성을 중요하게 여기는 시기이지만 어느 곳에서도 소속감을 느끼지 못하게 되어 버렸다.

코로나 블루에 잠긴 아이들

아이들이 관계에 대해 고립되고 고독해질수록 필연적으로 우울감은 더 심각해졌다. 포스트 팬데믹 시대에도 코로나19 여파로 인한 우울증과 불안장애 등 이른바 '코로나 블루'를 호소하는 아동·청소년들의 상황은 여전히 심각한 것으로 나타났다. 지난 10월 국민건강보험공단의 「최근 3년간 아동·청소년 우울증 및 불안장애 진료 현황」에 따르면, 2021년 우울증으로 진료받은 아동·청

---

1. 「중앙일보」(2020.11.24.기사),<https://www.joongang.co.kr/article/23928578>

소년 수는 코로나 유행 이전인 2019년에 비해 18.9% 증가했고 불안장애 또한 39.6% 증가한 것으로 나타났다.

    이는 코로나19 확산으로 인한 가정의 경제 위기가 교육, 놀이 및 휴식, 돌봄, 정서 등 아동의 전반적인 생활 영역에 부정적인 영향을 미친 것과 무관하지 않다는 평가다. 또한 코로나19가 가져온 큰 변화는 신체활동 및 사회적 교류 감소 등을 야기해 아동·청소년의 정신건강 문제를 심화시켰다.[2]

낙인에 대한 두려움

    대한민국은 K-방역이라는 타이틀을 얻으며 우수한 방역에 성공했다는 평가를 받았다. 수위 높은 방역지침에도 대다수의 국민들은 참고 잘 견디며 위기의 상황을 극복해나갔다. 하지만, 한편에서는 K-방역이 성공할 수 있었던 것은 우리 사회가 얼마나 규범 지향적인지를 잘 보여준다고 평가하기도 한다. 규범이란 사람들이 이래야 한다고 암묵적으로 동의하는 사회적 기준이므로, 우리나라 사람들은 개인의 선택보다는 사회적 기준을 더욱 중요하게 여긴다는 것이다. 계속되는 코로나 상황 속에 아이들은 긴장의 끈을 놓을 수 없었다. 이 규범을 벗어나면 집단으로부터 낙인 찍히고, 배제당할 것에 대한 두려움을 가질 수밖에 없었다. 이러한 사회의 분위기는 아이들을 극도의 긴장 상태와 스트레스 상황으로 몰아넣었다.

아이들은 더 불행해졌다

    코로나19 대유행이 2년 넘게 지속되면서 국내 아동·청소년의 안전과 건강 상태가 크게 악화된 것으로 나타났다. 지난해 아동학대 경험률이 역대 가장 큰

---

2. 「보건뉴스」(2022.12.19. 기사), <http://www.bokuennews.com/news/article.html?no=223933>

폭으로 늘어 10만 명당 502명에 달했고, 아동·청소년 자살률은 2000년대 들어 가장 높았다. 아동·청소년들이 느끼는 삶에 대한 주관적인 만족도도 코로나19 전후로 나빠진 것으로 조사됐다.[3]

통계청이 27일 발표한 「아동·청소년 삶의 질 2022」 보고서를 보면, 지난해 아동청소년의 사망원인 1위는 자살이며, 자살률은 인구 10만명 당 2.7명으로 나타났다. 해당 보고서에서 아동·청소년은 통상 만 0~17세(고등학생 포함)다. 다만 지표에 따라 차이가 있다. 아동청소년의 자살률은 지난 2015년 이후 증가 추세다. 특히 2019년 2.1명에서 2020년 2.5명으로 크게 늘었다.

아동청소년이 생각하는 주관적 웰빙은 부정정서가 크게 증가하며 악화하고 있다. 전반적인 삶의 만족도도 뚝 떨어졌다. 아동청소년의 주관적 웰빙은 지난 2017년과 비교했을 때 2020년 전반적으로 악화했다. 삶의 만족도 점수는 2017년 6.99점에서 2020년 6.80점으로 감소했다. 행복감은 줄고 걱정이나 근심, 우울을 호소하는 경우가 늘었다. 긍정정서(행복)는 2017년 7.29점에서 2020년 7.19점으로 감소했다. 부정정서(걱정/근심, 우울)는 2017년 2.67점에서 2020년 2.94점으로 대폭 늘었다.[4]

(2) 신체의 변화

아이들의 정서는 신체건강과 발달에도 아주 큰 영향을 미친다. 관계에서 고립되어 불안감과 우울감에 빠진 아이들은 혼자만의 세계, 즉 자기만의 성벽을 더 높게 쌓아올리기 마련이다. 정서적인 우울감에 빠진 아이들은 자기만의 성벽을 깨고 세상 밖으로 나오는 것을 두려워한다. 모든 일에 무기력함을 느끼기

---

3. 「경향신문」(2022.12.27. 기사),<https://www.khan.co.kr/economy/economy-general/article/202212271701001>
4. 「파이낸셜뉴스」(2022.12.27. 기사), <https://www.fnnews.com/news/202212271009443356>

때문에 신체적 활동은 자연스럽게 줄어들 수밖에 없었다.

운동량 최하위 우리나라 청소년들

코로나 이후로 최근 청소년들의 운동 부족 현상이 심화되고 있다. 학생 성적과 대학 진학에만 몰두하는 한국 사회에서 어제 오늘의 일은 아니겠지만 코로나19 여파로 학교 안팎에서 대면 활동이 제한되는 상황이 수시로 발생하면서 고질적인 문제가 더 심화되는 양상이다.

세계보건기구WHO가 지난 2019년 세계 142개국 청소년 160만 명을 대상으로 운동량 조사를 해 발표한 결과에 따르면, 한국 청소년의 권장 운동량 미달 비율은 94%에 달했다. 세계 청소년 운동량 최하위이다. 여학생은 더하다. 여성 청소년의 권장 운동량 미달 비율은 97%로, 100명 중 3명만이 권장 운동량을 충족하는 셈이다.

비대면 수업이 주로 진행됐던 코로나 시기의 3년을 지나며 운동 부족 심화를 짐작하는 것은 어려운 일이 아니다. 실제로, 교육부 조사 결과, 신체활동 감소에 따른 저체력 학생(PAPS 4·5등급) 비율이 2019년도 기준 12.2%에서 지난해 17.7%로 증가한 것으로 확인됐다. 이미 2019년 WHO 조사에서 국내 청소년 운동량이 세계 최하위였음을 고려하면 문제의 심각성에 비해 우리 사회가 너무 이 문제를 소홀히 하고 있다는 인식을 갖기 십상이다.[5]

친구들과 노는 시간보다는 집에 홀로 있는 시간을 선택해야했던 아이들의 모습을 떠올려보면 그리 놀라운 연구 결과도 아니다. 혼자서 집에서 할 수 있는 것이라고는 스마트폰, 게임, TV밖에 없으니 청소년 비만율도 더욱 상승했다. 2019년에는 15.1%였던 아동·청소년 비만율이 21년에는 19.0%로 늘었다는

---

5. 「오마이뉴스」(2022.12.27. 기사), <http://omn.kr/224sg>

연구결과가 발표됐다. 배달음식과 인스턴트 음식에 대한 의존도가 높아지고 운동 부족 현상이 겹쳐져서 10대 비만환자가 급증하게 된 것이다.

빠른 속도로 노화되고 있는 아이들

코로나로 인해 겪었던 스트레스는 우리 아이들의 뇌에도 큰 영향을 미쳤다. 팬데믹 봉쇄령을 겪은 10대들은 대뇌피질이 얇아지고 해마와 편도체가 커지는 등 봉쇄령을 겪지 않은 예전의 10대들에 비해 두뇌가 더 빨리 나이 든 것으로 나타났다.

고틀리브 교수는 "두 집단 간 두뇌의 나이 차는 최소 3년 이상이었다"며 "코로나19로 인한 봉쇄 기간이 10개월로, 1년도 채 되지 않았다는 점을 볼 때 이렇게 큰 차이가 날 줄은 몰랐다"고 말했다.

팬데믹 봉쇄로 인한 스트레스는 10대들의 뇌를 최소 3년 이상 일찍 노화시켰으며, 이는 만성 스트레스와 역경을 겪은 청소년들에게서 관찰된 변화와 유사한 것이다.[6]

(3) 일상의 변화

아이들의 정서적, 신체적인 변화는 아이들의 일상에 있어서도 많은 변화를 가져왔다. 계속해서 바뀌는 교내 거리두기 수칙과 학사일정으로 인해 아이들은 혼란스러워했다. 아이들의 일상은 불확실성 속에서 생활 리듬이 규칙적으로 자리 잡지 못했고, 많은 아이들이 예측할 수 없는 상황 속에서 답답해하거나 자포자기를 해버렸다.

원격수업이 진행되면서 아이들은 밤낮이 바뀌어버렸다. 방학이 아닌데도

---

6. 「뉴시스」(2022.12.02. 기사), <https://newsis.com/view/?id=NISX20221202_0002109659&cID=10101&pID=10100#>

아이들의 평균 기상시간이 10시-12시 사이가 되어버렸다. 학교를 가지 않아 드라마나 영화 정주행을 하고, 밤새 게임을 할 수 있는 시간이 주어진 것이다.

정신건강의학과 전문의 김현수 박사는 이렇게 말한다.

> 어떤 일이 예측 가능하고 단지 일정만 연기된다고 하면 조금 기다리면 됩니다. 하지만 예측이 어렵고 일정이 어떻게 될지 알 수 없다면 마음은 쉬이 불안해집니다. 이 일정의 파괴가 주는 불안으로 인해 아이들은 일상의 유지조차도 불안하였습니다.[7]

사회적 거리두기 단계와 방역지침에 따라 바뀌는 대응에 언제나 아이들은 긴장상태일 수밖에 없었다. 늘 학교의 공지에 귀 기울여야 했고, 확진자와 접촉하거나 동선이 겹치거나 자가격리자, 밀접 접촉자가 되어 등교를 하지 못할까봐 언제나 노심초사했어야만 했다. 아이들은 불확실성과 불규칙성에 노출되어 버텨낼 수밖에 없었다.

6일 통계청이 발간한 「한국의 SDGs지속가능발전목표 이행보고서 2022」에 따르면 지난 2020년 기준 중학교 3학년과 고등학교 2학년의 기초학력 미달 비율이 전년보다 증가했다. 중3의 경우 국어 6.4%(전년 4.1%), 수학 13.4%(11.8%), 영어가 7.1%(3.3%)의 미달 비율을 보였다. 고2는 국어 6.8%(4.0%), 수학 13.5%(9.0%), 영어 8.6%(3.6%)로 집계됐다.[8] 학교 수업이 중단되면서 중고생들의 학습결손이 더욱 심각해진 것이다. 사교육과 같은 공교육을 대체할 수 있는 자원들이 있는 가정과 그렇지 못한 가정의 격차는 더욱 커져갈 것이다.

아이들의 생활의 리듬이 깨어지고 불규칙한 생활 습관이 계속되면 아이들

---

7. 김현수, 『코로나로 아이들이 잃은 것들』 (서울: 알피스페이스, 2020), 58.
8. 「파이낸셜뉴스」(2022.12.04.06. 기사), <https://www.fnnews.com/news/202204061217581066>

의 삶의 질은 현저히 떨어질 수밖에 없다. 학교, 친구를 대체할 수 있는 즐거움과 만족을 다른 것으로 채우기 시작한 아이들은 학교생활과 학업에 대한 만족도나 참여도가 계속해서 낮아지게 될 것이다. 학교와 공부라는 시스템에 잘 적응하는 아이들만 결국 살아남게 되는 악순환이 반복될 것이다.

2. 코로나 시대의 다음세대 신앙 위기

(1) 다음세대의 신앙은 언제나 위기였다

우리는 시대의 변화에 소망을 두어서는 안 된다. 코로나 펜데믹 시대를 지나면서 많은 이들이 코로나만 끝나길 기대했다. 코로나만 끝나면 무엇인가 이루어지고 해낼 수 있을 것이란 기대감이 가득했다. 코로나시기에 사람들을 만나지 못하고 홀로 지내는 시간에 우울증과 무기력증으로 힘든 시절을 보냈다. 이를 '코로나 블루' 현상이라고 하는데 '엔데믹[9] 시대'로 접어든 지금의 시대는 어떨까? 거리두기는 해제되고 외부에선 마스크도 벗을 수 있게 되었다. 그럼에도 일상이 회복되면서 느끼는 상대적 박탈감, 우울감, 피로감은 여전히 지속되었다. 이를 '엔데믹 블루'라고 한다. 많은 사람들이 '엔데믹 시대'가 코로나 시대보다 삶의 질이 더 나빠질 것이라고 답변했다.[10] 실제로 2023년 들어 물가, 환율, 금리가 오르는 '쓰리고' 현상으로 국민들에게 경제적 위기가 찾아왔다.

코로나만 끝나면 회복이 되고 소망이 생기고 활기가 넘치는 시대를 기대

---

9. http://m.dongascience.com/news.php?idx=53554 엔데믹이 된다는 말은 코로나19 바이러스가 풍토화한다는 얘기다. 일반 감기나 계절 독감처럼 변이가 주기적으로 나타나고 수많은 사람이 감염되더라도 치명률이 낮다는 뜻.
10. 김난도 외, 『트렌드 코리아 2023』, (서울: 미래의 창, 2022), 79-80. 22년 5월에 동아 일보에서 조사한 바로는 우울감 정도가 코로나 확산(23%)보다 거리두기 해제 이후(61%)가 더 많았다.

했었는데 돌아오는 것은 더 큰 위기였다. 이 위기는 교회와 우리 신앙에도 그대로 적용된다. 코로나로 예배를 드리지 못하고 신앙의 침체를 겪었던 신자들이 모두 돌아왔을까? 목회데이터연구소에서 지난 6월에 예장 통합 목회자들을 대상으로 조사하여 발표한 결과 코로나 이전 대비 장년은 73%, 교회학교는 43% 회복했다고 조사되었다.[11] 22년 4월에 조사한 결과이기에 보다 많이 회복되었다고 감안하더라도 다음세대의 회복률은 심각한 수준이다. 시대의 회복이 신앙의 회복이 될 수 없다. 왜냐하면 세상은 늘 신앙의 대적이기 때문이다.

시대에 상관없이 다음세대의 신앙 위기는 늘 있어왔다. 시대마다 다음 세대의 신앙 회복을 위한 기도제목은 빠지지 않고 있다. 모세도 출애굽 이후 세대의 신앙 성숙을 위해 출애굽 때를 상기시키며 도전했으며, 사사시대에도 다음세대의 실패를 "다른세대"[12]라고 칭하기도 했다. 광야시대 때 고생하고 있었을 때도 다음세대 신앙은 위기였고, 시대가 바뀌어 가나안 땅에 들어간 시대에도 다음세대 신앙은 여전히 위기였다. 코로나 시기에도 위기였으며, 엔데믹 시기에도 다음세대 신앙은 여전히 적신호이다. 다음세대 신앙은 위기의 그 시대 가운데 교회가 어떻게 대처했느냐, 믿음을 잘 지켜냈느냐 하는 것에서 결정된다.

그런 의미에서 코로나 시대는 다음세대에 어떤 영향을 주었는지, 이 시대를 사는 청년, 청소년들은 어떤 생각을 가지고 있는지 분별할 필요가 있다. 코로나 시기가 다음세대에 위기를 초래한 영향을 세 가지로 살펴보고자 한다.

---

11. 넘버스, 기독교통계 148호 - 한국교회 코로나 추적조사결과3 (목회자 조사) : http://www.mhdata.or.kr/bbs/board.php?bo_table=gugnae&wr_id=60&page=2
12. 사사기 2장 10절 : 그 세대의 사람도 다 조상들에게로 돌아갔고 그 후에 일어난 다른 세대는 여호와를 알지 못하며 여호와께서 이스라엘을 위하여 행하신 일도 알지 못하였더라.

(2) '예배'의 위기

코로나는 우리에게 온라인의 편리함과 오프라인에 대한 부정적 인식을 주었다. 코로나가 끝나가는 이 시점에서도 이제는 온, 오프라인이 함께 가야 한다는 목소리가 높아지고 있다. 거리두기 해제 이후 기업에서는 사원들에게 출근을 요구했다. 그랬더니 재택근무에 익숙해진 MZ세대의 사원들의 반응은 "퇴사하겠습니다."였다. 재택근무로도 업무를 볼 수 있다는 것을 알게 되었고, 집에서 할 수 있는 일이 있다는 사실도 체험하게 되었다. 그러니 굳이 출근하라는 회사에 갈 이유가 없어진 것이다. 기업들은 이런 MZ세대를 위해 직장을 가정집 분위기로 꾸미거나 업무를 보는 책상을 반사판 역할을 하는 재질로 만들어 사진 찍기에 좋은 환경으로 바꾸는 등, MZ세대 사원들을 잡기 위해 복지에 신경을 쓰고 있다. 사원들은 출근을 거부하고 기업들은 사원들이 환경을 맞춰 배려하고 있는 실정은 교회에서도 고스란히 나타난다.

코로나 시대는 굳이 교회를 가지 않아도 예배를 드릴 수 있는 방법을 제공했다. 심지어 편하고, 많은 시간을 투자하지 않아도 된다. 다른 봉사를 줄이니 피곤하지 않아서 예배에만 집중할 수 있게 되었다. 이런 피드백에 맞춰 교회는 '온라인 예배'를 만들고 '온라인 심방', '온라인 성경공부' 등 집에서 해결할 수 있는 예배, 교제를 제공하고 있다. 심지어 어떤 목회자는 한 교회를 섬기고 있으면서 온라인 교회 커뮤니티에 가입되어 여러 설교자 중 한 사람으로 설교를 제공하면서 온라인 사역을 하고 있다. 많은 교회와 성도들이 이젠 온, 오프라인 예배가 함께 이루어져야 한다고 주장한다. 코로나 초기, 예배의 위협 때문에 어쩔 수 없어서 시작했던 온라인 예배가 점점 당연시되었고 이제는 필수가 되어버렸다. 편리함과 게으름이 예배의 의미를 무너뜨리고 있다.

이런 현상은 다음세대 신앙에 어떤 위기를 초래하게 될까? 가뜩이나 어른들에게 맞춰진 예배에서 한 시간을 앉아 있는 것을 힘들어하는 청소년들에게는 달콤한 유혹이 될 것이다. 거룩하신 하나님의 임재와 교제, 죄 사함과 복이 선포되는 장소를 사모함으로 모였던 예배의 시간들이 다른 선택지가 있으므로 필요에 따라 선택되게 된다. 어떤 이는 믿음이 없어 온라인으로 예배를 드리고, 어떤 이는 편하기 때문에 드리고, 때에 따라 일정이 있을 때 예배가 우선순위에서 밀리게 된다. 그러면서 마음으론 '온라인 예배 드렸으니까'라고 스스로 정당화할 것이다. 우리가 다음세대에 전해줘야 할 예배가 이런 것일까?

그와 더불어 '주일성수'에 대한 개념 역시 사라지고 있다. '주일성수'가 예배 한 번 드리는 것으로 생각되고 그것이 온라인으로 채워지고 있다고 생각한다. '주일성수'는 말 그대로 주일을 온전히 하나님께 드리는 날임에도 개념이 희석되고 있다. '주일성수'와 '십일조'는 하나님께서 성도의 정체성과도 연관을 지어 말씀하시는 중요한 것이다. 느헤미야 역시 이것이 정말 중요하기에 포로기 이후 이스라엘 백성들에게 책망하고, 때리기까지 하면서 과격할 정도의 표현으로 권면하였다.

우리시대에도 이 가치들을 여전히 중요하며 매번 강조해도 부족할 정도다. 우리 역시 느헤미야의 심정으로 이 귀한 신앙의 유산을 이어줘야 할 것이다. 온라인 예배가 지금 당장 보기에는 더 효과적인 방법일진 몰라도 다음세대 신앙에 있어서는 치명적이라는 사실을 기억해야 한다.

(3) '복음'의 위기

현대 시대는 "가치가 상실된 시대이다." 그 이유는 시대가 빠르게 변하기 때문이며, 그에 따라 다양한 문화가 생성되었기 때문이다.

대학내일20대연구소에서는 매년 청년들의 트렌드를 조사하였고 몇 가지의 공통점을 가진 주제를 제시했다. 이 연구소는 올해 Z세대를 가리켜 "트렌드가 없는 것이 트렌드다."라고 결론을 내릴 정도로 다양성과 개인의 특성이 강조됨을 표현했다.[13] 김난도 교수 역시 올해 트렌드를 "평균실종"이라는 용어로 이와 비슷한 개념을 제시했다.[14] 트렌드가 없고, 평균이 없다는 것은 문화의 다양성과 함께 선택의 다양성을 의미한다. 이로써 초개인화시대, 개인맞춤형의 시대가 되었다.[15]

이런 시대를 사는 청년, 청소년들은 자신이 하고 싶은 일을 하는 것을 제일 우선으로 여긴다. 자기 행복이 최고의 가치가 되었다. 그러니 남들이 뭐라 하든 내가 좋으면 가치 있는 일이 되는 것이다. 2018년, 대학내일20대연구소에서는 MZ세대의 트렌드를 '무민세대'라고 규정했다. 무의미한 것에서 의미와 즐거움을 찾는 능력을 가지고 있다는 것이다.[16] 2023년엔 무의미한 것들에서 의미를 찾고, 단순한 취미활동에 그치지 않고 직업이나 생활에까지 깊이 있게 파고들었다. 무가치한 것으로 트렌드를 만들어 수익을 남기고 직업으로 삼을 정도로 깊이를 추구한다는 뜻이다. 이런 특징을 '디깅모멘텀'이라 한다.[17]

다양성의 스펙트럼이 넓어지고 깊이도 깊게 빠져드는 사람들이 많아진다는 것은 특별한 가치에 공감하고 하나 되게 하는 것이 어렵게 되었음을 말한다. '복음'은 교회나 신자들에게 가장 중요한 가치이다. 우리는 '복음' 안에 있는 예수 그리스도와 그분으로 말미암는 믿음, 효력 있는 부르심, 칭의, 양자됨, 성화, 영화, 부활과 재림에 대한 소망 등의 유익을 얻으며 영생을 누리며 산다. 이것을 믿음으로 살아야 하는데 초개인주의는 자기가 받아들이는 것만 받아들인다. "나는 성육신은 믿겠는데 부활은 좀…." "믿기는 한데 교회는 좀…." "예배

---

13. 대학내일20대연구소, 『Z세대 트렌드 2023』, (서울 : 위즈덤하우스, 2022), 4.
14. 김난도 외, 143.
15. 대학내일20대연구소, 4.
16. 대학내일20대연구소, 『밀레니얼-Z세대 트렌드 2021』, (고양 : 위즈덤하우스, 2020), 23.
17. 김난도 외, 277. digging은 '파다', '채굴'이란 뜻으로 과몰입이나 하나에 깊이 있게 몰입하는 행위를 가리켜 "디깅모멘텀"이라 하고 그런 사람을 "디깅러"라고 한다.

는 드리지만 봉사는 좀…" "예수님의 부활은 알겠는데 그게 나랑 무슨 상관?" 자신이 믿고 싶은 것만 믿게 되는 세대가 나타난다. 가치를 잃어버린다는 의미는 "하나님이 하나님 되심을 인정하지 않는다."는 것과도 같다. 윤리적인 부분에서는 혼전순결, 낙태 문제, 동성애 등 성경이 말하는 것이 아닌 자신이 믿고 싶은 대로 믿게 되며, 성경해석 역시 개인의 생각대로 적용하게 되는 일이 일어난다.

다음세대 신앙의 위기는 '가치상실의 시대' 속에서 '복음'과 기독교의 '핵심가치'들이 희석되는 것이다. 하지만 소망이 있는 것은 '무가치한 것'을 가치 있게 만드는 MZ세대의 특징들을 복음으로 적용해볼 수 있기 때문이다. 세상의 많은 사람들이 "복음"을 무가치한 것으로 여기지만 누군가는 최고의 가치로 여긴다면 그만큼 복음이 확장될 수 있을 것이란 기대도 가져본다.

(4) '교회됨'의 위기

초개인주의는 '가치상실'을 불러 왔고, 기독교 '교회론'에 타격을 준다. 기독교의 핵심은 '연합'에 있다. 그 이유는 하나님께서 삼위일체로 연합하여 존재하시기 때문이다. 각기 다른 사람이 부부로 하나 되는 것과 각기 다른 성도들이 교회에 모여 한 몸을 이룰 수 있는 것의 근본은 하나님의 존재이다. 천지를 창조하실 때에도 다 좋았으나 아담이 혼자 사는 것이 좋지 아니하였다고 말씀하시면서 돕는 배필인 하와를 만드셨다.[18] 하나님은 구원받은 성도들을 부르시고 의롭다고 칭하신 후 예수님을 머리로 두신 '교회'로 부르셨고, '교회'로 살게 하셨다.[19] 교회로 사는 방법의 핵심은 '하나님 사랑'과 '이웃 사랑'이다. 여기

---

18. 창세기 2장 18절 : 여호와 하나님이 이르시되 사람이 혼자 사는 것이 좋지 아니하니 내가 그를 위하여 돕는 배필을 지으리라 하시니라
19. 에베소서 2장 22-23절 : 또 만물을 그의 발 아래에 복종하게 하시고 그를 만물 위에 교회의 머리로 삼으셨느니

에서 '자기사랑'은 존재하지 않는다. 자기를 사랑하며 사는 인생은 하나님 나라 방법이 아니다. 어거스틴은 그의 책 '신국론'에서 하나님 나라와 세상을 비교하며 설명하는데 하나님 사랑의 반대말을 세상사랑, 혹은 악을 사랑하는 것이라 하지 않고 '자기 사랑'이라고 표현하였으며, 김남준 목사도 그의 책 '게으름'에서 게으름의 정의를 "인간의 왜곡된 자기사랑"이라고 표현하였다. 이처럼 성경은 '교회공동체'를 강조하며 개인주의를 거부하고 있다.

하지만 세상은 자신만 생각하며 산다. 특히 현대시대는 더욱 그렇다. Z세대 청소년 청년들은 관계를 맺을 때 친한 친구, 안 친한 친구로 구분하는 것이 아니라 세분화하여 구분한다. 일적인 이야기를 하는 관계, 감정을 나누는 관계, 밥 먹는 관계, 한 달에 한 번, 일 년에 한 번 만나는 관계 등으로 세분화한다. 이것을 인덱스를 붙였다 뗐다 하면서 관리한다 하여 '인덱스 관계'라고 한다. 내가 선택하고 맺고, 끊을 수 있는 관계라는 뜻이다.[20] 늘 중심은 자신에게 있다.

코로나는 관계의 측면에서 하나 됨을 깨고 분리를 부추겼다. 코로나 기간 동안 마스크를 늘 쓰고 있었기 때문에 교회 내에서 같은 성도라도 얼굴을 명확히 알기가 어렵다. 지금 웃고 있는지 화를 내고 있는지도 표현이 되지 않는 관계가 되다 보니 마스크를 벗을 일이 생기면 어색하다. '마해자', '마기꾼'[21]이라는 신조어도 생길 정도로 관계의 어색함이 있다. '알파세대'[22]라 불리는 다음세대는 피해가 더 심각하다. 코로나 기간 동안 집에서 부모와 생활하거나 소수의 사람들만 만나고 표정을 알 수 없다 보니 감정을 읽지 못하는 등 사회성이 떨어진다. 영유아들의 경우는 유치원에서도 마스크를 쓰고 있다 보니 언어 노출,

---

라 교회는 그의 몸이니 만물 안에서 만물을 충만하게 하시는 이의 충만함이니라
20. 김난도 외, 242.
21. 마기꾼은 '마스크'+'사기꾼'의 합성어로 마스크를 썼을 때 외모수준이 높아졌다는 의미이며, 마해자는 '마스크'+'피해자'라는 뜻으로 마스크 때문에 외모가 저평가 되었음을 의미한다.
22. 김난도 외, 303. 2010년 이후 출생한 세대를 가리키는 표현이다.

발달 기회가 감소했다.[23]

　직장이나 공동체를 위한 헌신보다는 개인이 제일 우선이다. '조용한 퇴사'가 유행이며, 입사와 동시에 퇴사를 준비하는 '이준생'이 나타났다.[24] 과거 사회에서는 직장과 가족을 위해 헌신하는 것이 일반적이었으나 직장을 위해 자신의 삶을 투자하는 것은 미련한 것으로 여긴다. 봉급이 많거나 직위가 올라가는 것은 더 이상 좋은 혜택이 아니다. 먼저 자신에게 유익이 되느냐 마느냐를 제일 중요시 여긴다. 평균 13개월을 준비하여 취업한 직장에서 평균 18개월 일하고 퇴직하는 시대를 산다.[25]

　개인화가 익숙해진 다음세대들은 교회생활이 어색하다. 남을 위해 손해 봐야 하고 헌신해야 한다는 것이 미련한 것으로 여겨진다. 교회에서 봉사와 섬김의 행위는 있을지도 모른다. 하지만 '자기 신앙'을 위함이 우선이지 '이웃'을 위하진 않는다. 대학에서 선교단체에 가입하는 이유 1위는 '자기 신앙' 때문이다.

　교회가 해야 할 핵심 사역은 '예배', '교육', '교제', '봉사', '구제'이다. 사역의 성격상 섬김과 헌신이 필요하며 사명자의 마음이 필요한데, 초개인주의는 이것을 부정하고 있다. 이대로 가면 교회는 개인의 신앙만 위한 곳이 되며 교회로 존재함의 유익을 잃어버리는 위기를 초래하게 될 것이다.

---

23. 김난도 외, 326.
24. 이혜민 외 인터뷰, 『요즘 것들의 사생활』, (서울 : 900km, 2021), 22. 이준생을 이직을 준비하는 사람을 일컫는 말이다.
25. SBS 스페셜 "요즘 젊은 것들의 사표", https://www.youtube.com/watch?v=N1EiZmp70JA

II
코로나 시대 교사의 역할

1. 교회 내 청소년과 교사 관계의 중요성

(1) 관계의 필요성

청소년에게 관계는 아주 중요하다

청소년기의 중요한 발달과제는 점점 독립적인 사람으로 자라가는 것이다. 스스로의 정체성과 삶의 방향에 대한 질문이 이 시기에 시작된다. 여기에 대한 답을 찾기 위해 그들에게 다른 청소년들이 필요하며, 또래집단이 점점 더 중요해진다.[1] 관계가 중요해지는 것이다. 개인이 강조되고, 온라인으로 만남을 가지며, 배달과 택배를 통해 타인과의 접촉없이도 잘 살아남을 수 있을 것 같은 시대이다. 하지만 이 시대에도 "관계"는 너무나 중요하며, 청소년기의 아이들에게는 더욱 중요하다. 부모와의 관계를 넘어 사회 속에서 독립된 사람으로 자라가기 위해 '관계'는 꼭 필요하고 절실하다. 그러나 아이들의 현실은 그렇지 않다.

하지만 한국 사회의 청소년들에게 관계는 부족하다

『대한민국 교육트렌드 2022』에 의하면 우리나라 아이들의 행복도와 결핍 수준은 OECD 평균보다 낮고, 유럽 27개국 아동과 비교하여 가장 낮은 수준이다. 이에 대한 유의미한 근거로 정기적인 여가활동은 없는 반면, 실내에서 혼자 온라인으로 보내는 시간이 많다는 점을 들 수 있다.[2] 즉, 타인과의 관계가 줄었다는 것이다. 실제로 아이들은 가족 내에서도 관계가 줄었다. 통계청 자료에 따르면 2021년 가족 구성원 평균은 2.3명이다. 형제자매가 없거나, 있어도 1명 정도라는 뜻이다. 또한 맞벌이 가구도 59.3%나 된다. 아이들은 가족 안에서 관

---

1. 우도 베어, 클라우스 코흐, 『코로나로 더 힘겨운 어린이 청소년에게』 (충청: 제르미날, 2022), 149.
2. 교육트렌드2022 집필팀, 『대한민국 교육트렌드 2022』 (서울: 에듀니티, 2021), 133.

계하고 어울릴 수 있는 가능성이 적다. 그렇다면 밖에서 관계할 수 있는 장소나 시간은 넉넉한가? 그렇지 않다. 유아나 어린이를 위한 놀이터는 있지만, 청소년을 위한 공간은 거의 없다. 공간뿐 아니라 시간도 부족하다. 2018년 아동 종합 실태조사에 의하면 만 9-17세 아동의 70% 이상은 평소에 시간이 부족하다고 답했다. 심지어 아이들의 수면 시간조차 학교급이 올라갈수록 줄어드는 것으로 나타났다.[3]

관계의 부족은 청소년의 세상을 작아지게 만들었다

이런 상황에서 코로나19는 아이들에게 더 큰 관계의 결핍을 가져왔다. 개학이 연기되고 집에 갇혀있어야 했으며, 부모들은 경제적 불안으로 새로운 일자리를 찾아 집을 비우거나, 집에 있더라도 스트레스로 아이들을 따뜻하게 대해 주지 못하는 경우가 생겨났다. 아이들은 학교에서 또래와의 관계를 경험하고 타인을 배우며, 갈등을 겪고 해결하며 다양한 정서를 통해 성숙한 성인으로 자라간다. 그런 학교생활 3년이 사라졌다. 어떤 아이들은 중학교나 고등학교를 통째로 코로나19로 보내게 되었다.

친구들과 부모를 통해 세상을 접했던 아이들은 유튜브와 SNS로 세상을 접하게 되었다. 유튜브 알고리즘에 따라 취향에 적합한 영상만 보게 되는 아이들은 넓은 세상을 바라보지 못하게 되었다. 아이들은 SNS를 통해 빈부와 계층 간의 차이를 더 크게 바라보게 되며, 세상 속에서 소외감과 박탈감을 느끼게 되었다. 더 많고 넓은 세상을 바라봐야 하는 아이들은 '문자'를 통해 비언어적 표현이 제한된 소통만을 경험하며 오해와 갈등을 겪게 되었다. '차단'이라는 수단으로 자기가 겪기 싫은 관계는 아주 쉽게 '손절'해 버리는 것을 배웠다.

---

3. 교육트렌드2022 집필팀, 『대한민국 교육트렌드 2022』, 135.

결과적으로 아이들은 아주 작고 편향된 세상만을 알게 되었다.[4]

교회학교 교사를 통해 청소년 관계성 회복이 시작될 수 있다

　이런 아이들이 어떻게 관계를 배우고 시작할 수 있을까? 코로나19의 상황이 회복되고 있지만, 3년이라는 시간은 아이들에게 배워야 할 것들을 배우지 못하게 했다. 사회성이다. 따라서 서로를 통해서 관계를 시작하기도 어렵다. 경제적 어려움과 스트레스로 어려움을 겪고 있는 가정에서도 관계의 시작은 쉽지 않다. 이런 상황에서 교회학교의 교사들은 아이들에게 가장 큰 대안이 될 수 있다. 대화하는 법과 관계 맺는 법, 웃고 우는 법, 안부를 묻고 서로 환대하는 법을 교회 반모임 속에서 충분히 배울 수 있다. 27년차 음악교사인 김선희 씨는 이렇게 말한다. "교사라는 존재는 한 사회를 새롭게 디자인할 수 있는 매우 영향력 있는 존재다."[5]

　교회학교 교사는 공교육 교사보다 훨씬 더 큰 영향력을 가질 수 있다. 공교육 교사가 '살아가는 방법'을 가르친다면, 교회학교 교사는 '살아가는 방식'을 가르치기 때문이다. 그리스도인으로서 이 세상을 마주하고 헤쳐 나가는 근본적인 방식을 보여주고 가르쳐준다. 토요일까지 일상에서 힘들게 살았으면서도 주일에 영혼을 위해 봉사하는 교사의 섬김은 충분히 그것을 보여주고 가르쳐 줄 수 있다. 교사들이 희망이다. 교사의 섬김을 통해 속한 교회와 사회가 새롭게 디자인될 수 있다는 것을 기억해야 한다.

(2) 관계의 방향성

　교사는 청소년과의 관계 속에서 어떤 것을 줄 수 있을까? 이에 대한 방향

---

4. 교육트렌드2022 집필팀, 『대한민국 교육트렌드 2022』, 144.
5. 김선희, 『어른을 위한 청소년의 세계』 (서울: 김영사, 2022), 64.

성을 위해 현대 청소년에게 가장 깊게 스며든 문화를 생각해보아야 한다. 바로 소비주의다. 소비주의는 물질과 부를 숭배하며, 자신을 단지 소비자로 생각한다. 책임과 권한을 거부하고 단지 소비할 뿐이다. 이런 소비주의 사회에서는 종교 또한 소비의 한 분야가 된다. 교회 안에서도 섬기기보다 오히려 서비스를 받으려 한다.[6] 소비주의 사회에 사는 사람들은 소유로 자신을 나타낸다. 차, 의류, 집, 돈, SNS를 통해 자신을 말하고, 상대를 바라본다. 청소년도 마찬가지다. 따라서 청소년의 소비는 합리적이지 않다. 유행과 브랜드를 따라 소비를 하게 된다. 이런 소비의 끝은 공허다. 자신의 소유가 자신을 말하기 때문에 그것이 끝나고, 사라지면 스스로는 아무것도 남지 않는, 즉 자아가 없는 상태가 된다. 따라서 소비 사회의 많은 이들과 청소년들은 외로움을 느끼고 다른 쾌락으로 자신을 채우려 한다. 청소년 교사는 이런 청소년의 상황을 잘 이해하면서 그들을 위로해주며 관계를 쌓아야 한다. 소비주의 문화 속 청소년이 관계를 통해 정체성을 찾고 자신을 사랑할 수 있도록 해야 한다. 또한 깊은 대화 속에서 바른 정체성을 함께 고민해주고 찾아주는 일을 해야 한다.

　소비를 일삼는 청소년들은 반대로 자신을 상품화시키기도 한다. SNS 속에서 타인의 관심(좋아요, 하트)을 받기 위해 끊임없이 자신을 광고한다. '더 좋은 것을 먹고 좋은 곳에 가는 사람'임을 호소한다. 이런 청소년에게 교사는 '스스로가 존재 자체로서 사랑받을 수 있는 존재'임을 느끼게 해줘야 한다. 진실한 마음으로 존재 자체를 사랑해주는 것이다. 주는 만큼 받는 것이 당연한 소비사회 속에서, 받지 않더라도 끊임없이 주는 사랑을 하는 것이다. 그것은 교사가 자신의 삶을 통해 하나님을 보여주는 일이기도 하다. 조건 없는 끝없는 사랑을 베푸신 하나님을 청소년에게 보여주는 것이다.[7] 그러기 위해서 먼저 교

---

6. 딘 모그먼, 마상욱, 『이야기 청소년신학』, 210.
7. 딘 모그먼, 마상욱, 『이야기 청소년신학』, 217.

사는 하나님을 깊이 사랑해야 한다. 사랑이 핵심이다. 모든 양육과 관계는 반드시 사랑으로 흠뻑 젖어 있어야 한다. 복음(하나님과의 관계)이 교사의 사랑(청소년과의 관계)을 규정하고, 교사가 사랑할 동기를 부여한다.[8]

기다려주고 들어주며 함께 가는 것이 관계다

아이들은 각자의 속도와 방법으로 성장하고 싶어 한다. 청소년도 그렇다. 청소년이 스스로 살아갈 힘을 기르길 바란다면, 판단을 멈추고 함부로 평가하지 않아야 한다. 그냥 그 순간의 마음을 묻고 "아 그렇구나"라고 공감하는 것을 통해 관계가 시작된다.[9] 그 속에서 아이들은 스스로 성장해간다. 이런 관점이 청소년 반모임 시간에도 필요하다. 아이들이 혼자 힘으로 말씀을 고민할 수 있도록 도와주는 방식을 고민해야 한다. 어른의 생각에는 가능성이 없어보이는 미련한 행동에도, 먼저 판단하기보다 왜 그러는지 묻고, 잘못한 행동에 대해서도 그 마음을 물어주어야 한다. 그런 공감 속에서 연대가 시작되고 아이들에게 말씀이 들어갈 물줄기가 트인다. 아이들이 질문을 한다면 공과의 진행보다 질문에 대한 진실하고 진중한 답변이 중요하다.

중요한 것은 관점의 변화다. 교사는 가르치는 자가 아니라 함께 걷는 동행자다. 다만 조금 먼저 걷고 있는 것이다. 교실에서 교사가 지식을 넣어주는 것처럼 가르치는 사람이 아니라, 복음을 실천하여 보여주며, 청소년의 잠재력을 믿어주고 격려하며, 도전을 지지하는 것이 교회학교 교사다.[10]

교사와 청소년의 관계의 목적은 청소년이 '자신의 이야기와 복음이 연결되어 있음'을 아는 것이다.

---

8. 윌리엄 P. 팔리, 『복음의 능력으로 양육하라』 (서울: 개혁된실천사, 2021), 269.
9. 김선희, 『어른을 위한 청소년의 세계』, 203.
10. 딘 모그먼, 마상욱, 『이야기 청소년신학』 (서울: 샘솟는 기쁨, 2019), 259.

과거의 교사는 자신이 아는 복음을 넣어주면 된다고 생각했다. 성경이 말하는 대로 따라야 한다고 강요하기도 했다. 그러나 이것은 지금 문화에 적절한 방식이 아니다. 논리보다 자신만의 독특한 이야기가 먼저인 시대이다. 청소년은 저마다 독특한 자신의 이야기가 있으며, 이들의 이야기가 복음에 연결될 수 있도록 해야 한다. 이것을 위해 교사와 청소년의 관계가 중요하다. 교사가 청소년과 관계를 맺고 있다면, 그 통로를 통해 복음이 연결될 수 있다. 이것을 위해 먼저 청소년의 이야기를 듣고 그들의 이야기를 알아야 한다. 정죄와 강요가 아니라, 공감과 경청으로 들어주어야 한다.[11] 또한 교사는 복음의 이야기도 알아야 한다. 지식적으로만이 아니라 경험적으로 알아야 한다. 교사는 누구보다 먼저 복음을 '진짜 기쁜 소식'으로 여기는 자여야 한다. 이것을 위해 '예수님이 자신을 위해 무엇을 하셨는지, 무엇을 하고 계신지'를 다른 사람들과 주기적으로 나누는 것이 좋다.[12] 매 교사 모임을 통해 서로가 느끼고 누렸던 복음의 소식을 말하는 것도 하나의 방법이다.

이렇게 청소년의 이야기를 알고, 복음의 이야기를 알 때 복음과 청소년을 연결하는 일이 시작된다. 이것은 교사가 할 수 있는 가장 아름답고 영광스러운 일이다. 예수 그리스도께서 이 땅에 성육신하셔서 우리와 어울리며 복음의 소식을 알려주신 것처럼, 교사는 청소년과 어울리며 복음의 이야기를 연결해주는, 감히 그리스도를 닮은 사역을 하게 된다.

---

11. 딘 모그먼, 마상욱, 『이야기 청소년신학』, 97.
12. 제프 밴더스텔트, 『복음의 언어』 (서울: 토기장이, 2018), 262.

(3) 교사의 마음가짐

교사를 통해 '좋은 습관, 좋은 추억, 좋은 관계'를 배울 수 있으면 된다

중학교 교사와 대안학교 교감을 지낸 류한경씨는 아이들의 행복에 대해 이렇게 말했다. "살면서 주변을 둘러보니, 공부 잘해서 명문 대학에 간다고 다 행복하게 사는 건 아니었다. '좋은 성적'보다는 '좋은 습관, 좋은 추억, 좋은 관계' 이 세 가지가 있으면 행복하게 잘 살 수 있을 것 같다."[13]

어떤 습관을 가지고, 어떤 추억을 품고, 어떤 관계 속에 사는지가 아이들을 만든다. 아이들은 '좋은 습관'이 몸에 배면 좋게 살 수 있고, '사랑받았던 추억'이 있으면 힘들 때마다 그것을 붙잡을 수 있고 사랑을 베풀 수도 있으며, 진실되고 소중한 '좋은 관계'가 있으면 행복할 수 있다. 청소년도 마찬가지다. 교회학교 교사는 청소년에게 무엇보다 좋은 습관과 추억과 관계를 알려줄 수 있다. 말씀을 의지하고 주님께 기도하는 습관을 보여주며, 하나님의 사랑으로 조건 없이 끝없는 사랑을 베풀고, 청소년과 진실되고 깊은 관계를 맺어감으로 알려줄 수 있다. 그때 청소년은 하나님 안에 행복한 사람으로 자라간다.

교사의 말과 삶을 통해 복음이 흘러간다

청소년과 대화하는 중에 교사의 관점과 생각이 흘러간다. 그렇기 때문에 교사는 바른 기독교적 관점을 가지고 있어야 한다. 이것은 지속적인 노력이 필요하다.[14] 더불어 교사가 얼마나 하나님과 깊은 관계를 가지고 있는지도 매우 중요하다. 교사가 얼마나 은혜에 젖어있는지에 따라 반모임이 메마를 수도 있고, 은혜가 흘러갈 수도 있기 때문이다.

---

13. 류한경, 『아이들은 길에서 배운다』 (서울: 조선에듀케이션, 2014), 34.
14. 소종화, 『좋은 교사를 꿈꾸다』 (서울: 한국기독학생회출판부, 2014), 173.

교사는 말로 가르치는 자리가 아니라, 몸으로 보여주는 자리다. 먼저 보여주고 말하는 것이 훨씬 더 효과적이다.[15] 먼저 섬기고 살아가는 교사의 뒷모습에서 청소년은 자연스레 하나님을 사랑하고 교회를 섬기는 삶이 어떤 것인지를 알게 된다.

매 주일 교사로 섬기는 것은 참 어렵고 힘든 일이다. 위로가 필요한 일이다. 기억할 것은 우리의 어떤 어려움도 주님께서 겪으신 어려움보다 크지 않다. 그러니 그분께서 그 어려움을 다 이해하시고 위로하실 수 있다. 그분께 위로를 얻고, 온 몸으로 섬기는 교사를 통해 복음이 흘러갈 것이다.

청소년을 위한 섬김이기도 하지만, 나를 위한 부르심이기도 하다

교사로 섬기는 것은 청소년을 위한 것뿐만이 아니다. 교사 스스로를 위해서이기도 하다. 하나님께서는 맡은 영혼을 위해 교사로 부르시기도 하셨지만, 교사 스스로를 위해 섬김의 자리로 부르신다. 제자들을 사랑하셨던 예수님의 마음, 어려움과 고난, 사랑과 인내를 배워가며, 예수 그리스도를 닮아가는 자리로 부르신다. 따라서 교사는 매 주일 맡은 영혼들의 성장을 넘어, 자신의 성장도 바라보아야 한다. 교사가 성장할 때 청소년은 더 성장한다. 결국 청소년과 교사는 계속해서 풍성해질 수 있다.[16]

관계 팁! : 관계를 열기 위해, 잔소리는 안 된다!

잔소리는 '쓸데없이 자질구레한 말을 늘어놓거나 필요 이상으로 듣기 싫게 꾸짖거나 참견하는 말'을 뜻한다. '쓸데없이', '필요 이상'이라는 표현처럼 잔소리는 개인이 느끼기에 따라 결정된다. 사랑과 마음을 담아 격려를 한다고 이

---

15. 제프 밴더스텔트, 『복음의 언어』, 283.
16. 소종화, 『좋은 교사를 꿈꾸다』, 223.

야기하지만, 듣는 아이에게는 잔소리가 될 수 있다는 것이다. 그렇기에 아이들에게 말할 때는 몇 가지 원칙을 지키며 이야기해 보라.[17] 첫 번째, 짧고 간결하게 말하는 것이다. 상대방의 반응을 생각하며 듣는 사람의 재미와 유익을 위해 내용을 조절하는 것이 필요하다 잠17:27.[18] 물론 더 중요한 것은 잘 듣는 것이다. 두 번째, 웃는 얼굴로 상냥하게 말하는 것이다. 청소년은 고함이나 소리치는 말보다 웃는 얼굴로 조용하고 상냥하게 말할 때 더 잘 받아들인다 전9:17. 청소년의 엉뚱한 질문이나 무관심한 반응에도, 따뜻하게 대한다면 사춘기 청소년들의 마음을 조금씩 열 수 있을 것이다. 세 번째, 공감을 표현하며 말하는 것이다. "그렇구나, OO해서 마음이 OO했구나"라고 공감한 후 말을 이어서 하는 것도 좋다.[19] 아이가 자신의 부족을 말할 때에는 (덕을 헤치지 않는 선에서) 비슷한 경우의 부족함을 드러내어 동질감을 가질 수도 있다. 네 번째, 대화의 목적은 상대방을 이해하는 것임을 생각해야 한다. 자기의 의사만 드러내기를 기뻐하는 것은 미련한 일이다 잠18:2. 대화는 상대방을 이해하기 위한 것임을 기억해야 한다. 말하기보다 적절한 질문을 하고 대답을 이끌어내는 방식이 좋다.[20]

2. 코로나 시대 교사 및 사역자의 전문성

(1) 전문성에 대한 이해

교회학교의 전문성에 대한 이야기는 오래전부터 제기되었다. 아이들의 상

---

17. 이화여자대학교 아동발달센터, 『코로나 시대 아이 생활 처방전』 (서울: 와이즈맵, 2021), 84.
18. 테드 트립, 마지 트립, 『마음 교육』 (서울: 디모데, 2013), 298.
19. 이화여자대학교 아동발달센터, 『코로나 시대 아이 생활 처방전』, 85.
20. 테드 트립, 마지 트립, 『마음 교육』, 307.

황에 대한 이해와 그들의 필요를 충족시킬 수 있는 능력이 교회학교 교사, 교역자에게 있는지에 대한 것이다. 2015년에 실시한 설문조사를 보면 교사는 교사로의 소명감이나 봉사사역에 대한 만족감은 강하게 나타나지만, 가정과 연계교육, 교수학습 능력, 그리고 학생 이해, 성경이해 능력에 있어서는 부족함을 보였다.[21] 이런 통계를 기반으로 교사의 전문성에 대한 필요성을 생각할 수 있다. 특히 코로나 시대를 경험하면서 이런 전문성이 더 절실히 요구된다. 따라서 코로나 시대에 교사와 교역자에게 필요한 전문성을 가정과 연계하는 능력, 가르치는 능력, 학생을 이해하고 성경을 이해하는 능력이라 이해할 수 있다.

(2) 전문성을 가지기 위한 노력의 방향

앞에서 언급된 전문성을 가지기 위한 노력으로 어떤 방향을 잡아야 할지 살펴보자.

1) 가정과 연계하는 능력

교사와 교역자는 가정과 연계하기 위한 능력을 갖추어야 한다. 주일학교가 강조되고 강화되면서 자연스럽게 가정에서의 교육을 말하지 않는 분위기가 되었다. 신앙교육이 교회에 위임되어 있다. 하지만 교회에서의 교육 시간은 절대적으로 적다. 가정에서부터 교육이 이루어지지 않는다면 신앙의 성장을 기대하기 어렵다. 그렇기에 교사와 교역자는 가정에서의 교육이 함께 있어야 한다는 인식을 가져야 한다. 부모가 다음세대 교육의 주체라는 것을 알려야 한다.

이것은 교회의 전반적인 분위기 전환과 인식이 필요한 부분이다. 교사와 아이, 그리고 부모가 함께하는 자리가 생겨나야 한다. 이를 위한 가장 기본적인

---

21. 함영주 외, "한국교회교육에 대한 교육지도자의 인식도 연구", 『성경과 신학』 75 (2015), 15.

변화는 공예배 참석이다. 공예배를 통해 같은 말씀을 들었을 때 신앙을 주제로 나눌 수 있는 주제가 생긴다. 부모와 아이뿐만 아니라 교사들도 함께 공유할 수 있는 내용이 생긴다. 이를 통한 대화가 이루어질 때 자연스럽게 신앙 교육의 공유가 일어날 수 있다. 이 밖에도 큐티를 같은 본문으로 하는 것도 가능할 수 있다. 매일의 삶 속에서 같은 말씀을 묵상하는 것으로 신앙 교육을 함께 해나갈 수 있다.

이런 자연스러운 것이 어렵다면 교사와 교역자는 새로운 사역을 기획해야 한다. 가족 수련회와 같은 부모가 가르치는 일에 참여하는 장을 만드는 것이다. 부모가 교사의 역할을 하게 하는 수련회를 통해 실제적인 경험을 제공하는 것이다. 이것이 시작점이 되어 부모 자신들에게 가르치는 역할이 있음을 생각하게 할 수 있다. 교사와 교역자는 이런 고민들을 통해 가정과 연계하기 위한 능력을 키워가야 한다.

2) 가르치는 능력

가르치는 능력을 갖추어야 한다. 교사와 교역자에게 있어 가르치는 능력은 필수다. 이 부분에 있어 생각해야 할 지점은 교회학교에서 가르치는 방식이 전수된다는 것이다. 오래전부터 해오던 방식을 배워 이어 오고 있다. 이 부분에 대한 변화가 필요하다. 교회학교에서는 교수법에 대한 교육이 따로 있지 않다. 그러다 보니 앞선 교사들의 방식을 그대로 배워간다. 이런 부분에 있어 교수법에 대한 교육방식이 이 시대와 맞는지 확인할 필요가 있겠다.

교수법에 대한 방식은 전문가의 도움이 필요할 것이다. 그전에 교사들이 교육을 통해 이루고자 하는 목표가 무엇인지 분명히 할 필요가 있다. 교회학교는 하나님의 자녀를 길러낸다. 자신이 경험하고 알게 된 것을 강요하여 틀에 맞는 아이를 찍어내는 것이 아니다. 하나님께서 주신 다양함을 이해하고, 하나님께서 뜻하시는 자녀로 그들에게 맞는 각각의 방법으로 가르치고자 해야 한다. 이런 인식 속에 그에 맞는 필요한 교수법을 배워가야 한다.

① 학생을 이해하는 능력

이런 측면에서 학생을 이해하는 능력이 필요하다. 코로나를 통해 생겨난 거리감은 교사들에게 있어 학생에 대한 이해도가 떨어져 있음을 절감하게 했다. 계속적인 관계 속에서는 문제가 없던 것이 단절 이후에는 큰 거리를 만들었다. 온라인상에서 활발한 활동을 이어가고 있는 MZ세대와 그것에 익숙하지 않은 교사와 교역자에게는 따라가기 힘든 격차가 생긴 것이다. 실제로 MZ세대와의 소통이 쉽지 않음을 토로하는 교사들이 적지 않다.[22] 이 부분에 대한 역량 개발이 필요하다.

나름대로 그들과 소통하기 위해 SNS와 같은 수단을 접하고 배우려 하는 교사, 교역자가 있다. 하지만 이것으로 극복할 수 있는 문제는 아닌 듯 하다. 다음 세대가 하고 있는 겉모습을 하고 있다 하여 그들과 소통이 되는 것은 아니다. 그들의 문화를 완벽히 이해할 수 없다. 그들도 이런 교사를 어색해 한다.

그렇다면 우리는 다른 방식을 택해야 한다. 그들을 이해하되 다른 방식으로 소통해야 한다. 교사에게 어색하게 여겨지는 그들의 것을 가져다 배울 것이 아니라 그들과 자연스럽게 소통할 수 있는 새로운 방식을 찾아야 한다. 모든 세대를 넘어설 수 있는 새로운 방식을 만들어 가는 것이다. 실제적인 소통을 이루어 그들을 이해할 수 있는 무엇인가가 있어야 한다.

학생을 이해하는 능력을 길러가는 데 있어 필요한 것은 어떤 것을 하는지가 아니다. '나도 너가 하는 것 할 수 있어'가 아니다. 같이할 수 있는 무엇을 만들

---

22. 이현철 외, 『위드코로나 시대 교회사역 트렌드』 (서울: 생명의 양식, 2022). 187.

어내는 능력이다. 이런 방향으로 우리의 연구가 접근해가면 좋겠다.

② 성경이해능력

또 교수법을 위해 교사에게 필요한 것은 성경이해능력이다. 교사는 하나님의 자녀를 길러내는 자이다. 자신의 자녀를 길러내는 것과는 다르다. 하나님께서 말씀하신 대로의 자녀를 길러내야 한다. 이런 측면에서 성경을 이해해야 한다. 성경을 이해하기 위한 노력을 해야 한다. 이 부분에 대한 열심히 있어야 한다.

교역자는 이를 위해 체계적인 교육을 생각해야 한다. 교사의 연차가 쌓일수록 자라감이 있어야 한다. 그 자라감의 내용에는 성경을 이해하는 능력도 포함되어야 한다.

작금의 교회학교는 아이들의 수준에 맞는 교재를 개발하고 가르친다. 교사는 그 교재를 충분히 이해하고 또 가르칠 수 있는 것에 집중하여 준비한다. 교역자도 할 수 있는 것에 포커스를 두는 경우가 많다. 그런데 교사는 그 정도 수준에 머물러서는 안 된다. 교사는 더 깊이 성경을 이해해야 한다. 교재를 가르치는 것을 넘어 그들을 대하는 말과 행동도 성경에 따른 것이어야 한다. 그래야 하나님의 자녀를 길러낼 수 있다.

교역자는 이것을 인식하여 성경을 이해하는 능력을 갖추도록 심도 있는 교육을 해나가야 한다.

(3) 온라인과 오프라인에 대한 이해

조금 더 고민해보아야 하는 영역이 있다. 스마트폰이다. 코로나 시대를 지나면서 아이들은 더욱 스마트폰과 가까워졌다. 스마트폰이 없으면 불안해 한다. 실제로 예배 시간에 스마트폰을 붙잡고 있는 친구들이 많다. 스마트폰을 빼앗으면 반항하는 경우도 있다. 이들에게 스마트폰은 없어서는 안 되는 것이 되었다. 물론 스마트폰이 가져온 유익이 있다. 하지만 스마트폰에 집중할 때 생기는 문제점은 상당하다. 사람과의 교제를 어렵게 한다. 예배에 집중하지 못하게 한다.

스마트폰을 넘어 온라인에 대한 인식도 비슷하다. 분명 유익이 되는 부분이 있지만 어려움이 따른다. 코로나 시대에 '줌zoom'은 모일 수 없는 상황에 교제를 나눌 수 있는 좋은 수단이 되었다. 그러나 시간이 지날수록 한계가 드러났다. 오프라인으로 하는 교제를 넘어설 수는 없었다. 잠깐의 교제를 이룰 수는 있었지만 지속적인 교제를 이룰 수는 없었다.

하나님께서 우리를 그리스도의 몸으로 부르셨다. 그리스도의 몸인 성도들은 실제로 교제한다. 서로의 역할을 통해 실제적인 영향을 주고받는다. 우리가 가상으로 교제하는 것은 교회됨과는 거리가 있다. 우리는 실제로 교제하는 것을 지향해야 한다. 온라인이 그것을 돕기 위한 도구로 쓰이는 것은 가능하지만 그 자리를 뺏는 것은 안 된다.

교사와 교역자는 이런 인식을 가지고 교회교육을 준비하여야 한다. 안재경은 『코로나 예배 전쟁』에서 가상에서의 교제가 가현설과 다르지 않음을 말한다. 육체로 오셔서 실제적인 교제를 이루신 예수님을 거부하는 가현설 말이다. 우리는 온라인의 한계를 인정해야 한다. 교사와 교역자는 온라인을 적극 활용할 수 있는 능력이 있어야 한다. 하지만 오프라인으로 이어지게 하는 능력이 더 중요하다.

(4) 결론

교사와 교역자에게 전문성이 필요하다. 코로나를 지나며 드러난 문제를 넘어서기 위한 능력이다. 이 전문성을 추구하는 방향은 성경에서 말하는 교회의 모습에 있어야 한다. 신앙교육은 가정에서부터다. 성경은 부모의 역할에서 자녀의 신앙교육을 빼놓지 않고 있다. 가르침의 방식에 대해서도 성경에서 답을 찾아야 한다. 하나님의 자녀를 하나님의 자녀로 기르는 일이다. 이들을 그리스도의 장성한 분량에 이르기까지 자라도록 해야 하는 일이 교사, 교역자의 역할이다. 그렇기에 끊임없이 하나님의 뜻을 찾고, 하나님의 방식으로 가르쳐야 한다. 이것이 교회학교 교사, 교역자에게 쌓여야 하는 전문성이다.

III
코로나 시대
SFC 사역 및 활동

위드코로나시대
다음세대
신앙리포트 ②

세계적인 팬데믹을 가져온 코로나19는 모든 세상을 바꾸었다. 우리가 살아가는 일상과 가정, 학교, 기업, 교회, 국가 어느 곳이든 코로나19를 피할 길은 없었다. 그리고 코로나 시대를 지난 3년! 코로나의 방문의 흔적이 없는 곳이 없다. 코로나19 이전 사회를 BCBefore Corona로, 이후의 사회를 ACAfter Corona로 구분해야 한다는 이야기는 코로나19가 사회에 미치는 영향이 매우 크다는 것을 반증하는 것이라 할 수 있다.

SFC도 코로나19의 영향력에서 벗어날 수 없었다. 현장 모임과 대면을 중심으로 하던 캠퍼스의 양육과 각 교회의 연합의 장이었던 수련회는 무기한 연기되었다. 코로나19로 인해 중고등학교들은 온라인으로 수업을 전면 전환했고, 그나마 학교에 들어가 했던 기도모임들도 외부인의 학교 안 출입이 엄격하게 통제되면서 어려움을 피해갈 수 없었다. 그럼에도 불구하고 하나님의 부름을 받은 SFC간사들은 주어진 사역의 현장에서 새로운 방법과 다양한 방식의 사역을 시도했다.

이번 장에서 지난 3년 간 코로나19 속에도 하나님께서 맡기신 사역들을 신실하게 이루어가고자 고군분투했던 SFC의 대표적인 사역 및 활동 몇 가지를 살펴보고자 한다.

1. 교향 프로젝트

코로나19가 발생하자 교회들마다 현장예배가 중지되었다. 그나마 규모가 있고 온라인을 미리 구축한 교회들은 인터넷 예배로 대체가 가능했지만 다수의 교회들은 온라인 예배 자체에 큰 어려움을 겪었다. SFC는 온라인 예배의 어려움 있는 교회를 향한 섬김, '교향 프로젝트' 시작했다.

먼저는 SFC 미디어 팀과 협업하여 매 주일 중고등부 예배를 영상으로 제작해 제공했다. 이 주일영상나눔은 각 권역별로 한 주간씩 맡아 중고생들에게 필요한 메시지와 찬양을 제공함으로 중고등부 친구들이 코로나 시대에도 계속해서 주일 예배를 드릴 수 있도록 도왔다.

뿐만 아니라 온라인 수업으로 가정에서 장시간을 보내는 중고생들을 위해 해설이 있는 '모닥불 성경읽기'를 제공했다. 이 모임은 페이스북 라이브를 통해 그날에 해당하는 마태복음 한 부분을 읽고 해설해주고 질문을 받는 방식으로 진행했다. 해설은 신약학을 전공한 김명일 간사가 맡아 마태복음을 장별로 정리해주었다.

<교향 프로젝트>

2. 방구석 온라인 수련회 '질그릇에 담긴 보배'

시대마다 하나님께서는 수련회를 통해 많은 청소년들과 청년들을 주께로 부르시고 하나님의 사람으로 세워 가심을 부인할 수 없다. 그러나 코로나19로 인해 각 교회 중고등부 SFC는 사역의 핵심인 수련회를 하지 못하게 되었다. 이러한 교회들에게 조금이나마 도움이 되고자 당시에 유행했던 '방구석 콘서트'를 보고 온라인 수련회 '방구석 수련회'가 기획되었다. 비록 온라인이라는 한계와 제한이 분명히 있지만, 이 수련회를 통해서 일하실 하나님을 기대하며 준비했다. 3일간의 저녁 경건회를 제공하고 마지막 날은 오후 프로그램 '2시의 티키타카'(토크쇼)를 통해 중고생들과 소통하는 시간도 가졌다.

<두시의 티키타카>　　　　　　　<참가자 소감문>

3. SFC 못자리 - 매년 1월의 겨울중고생대회

　　SFC의 역사는 수련회의 역사라고 할 정도로 SFC에게 수련회는 가장 중요한 사역 중에 하나이다. 특별히 매년 1월에 전국적으로 시행되는 겨울중고생대회는 SFC의 못자리일 뿐 아니라 가장 핵심사역이다. 코로나19가 발생하자 매년 1월에 전국적으로 진행되는 겨울중고생대회도 어려움을 맞이했다. 그러나 수련회를 통한 교회연합 운동과 말씀과 기도운동은 멈출 수 없었다. 이에 각 지방 SFC는 겨울중고생대회를 온라인으로 전면 전환하여 진행하였다. 그 결과로 2021년에는 16개 지역 33개 노회에서 3,309명의 중고생 운동원들이, 2022년에는 20개 지역 34개 노회에서 3,186명의 중고생 운동원들이 각 지방 중고생대회에 참여하였다. 이처럼 매년 1월에 전국적으로 중고생들을 섬기는 이 중고생대회는 하나님께서 SFC와 고신교회에 주신 특별한 은혜임을 부인할 수 없다.

<2021년 겨울 중고생대회>   <2022년 겨울 중고생대회>

4. SFC 전국중고생대회(여름)

　1948년부터 시작된 전국중고생대회는 3년마다 개최된다. 2017년 제52회 전국중고생대회에 이어 2020년에 제53회 전국중고생대회가 계획됐지만 코로나19로 인해 어려웠고 1년을 연기해 2021년에 개최됐다. 그러나 여전히 한 자리에 모여 말씀을 듣기에는 상황이 여의치 않아 어떻게 하면 전국중고생대회를 개최하되 안전하고 전국대회의 의미를 살릴 수 있을지 여러 방안들을 고민했다. 다양한 방법들을 두고 의논하던 끝에 결정한 것이 '권역별 투어(랠리)' 형식이었다. SFC의 6개 권역 중심으로(서울, 경기, 충청, 전라, 대구경북, 부산) 하루를 맡아 일주일간 전국으로 송출하는 방식이다. 강사들도 다양하게 목회자, 청소년사역자, 선교사, SFC간사, 교수 등으로 섭외하여 다채로운 말씀을 전했다. 제54차 전국중고생대회는 2024년에 열릴 예정이다.

5. 해외비전트립

　SFC는 본부 아래 5개의 사역부가 있다(교회사역부, 대학사역부, 청소년사역부, 영역사역부, 선교사역부). 선교사역부는 매년 여름, 겨울마다 SFC가 개척한 아홉 개 해외지부에 비전트립으로 운동원들을 파송한다. 코로나19는 국내 뿐 아니라 해외로 이어지는 하늘 길도 막아버렸다. 선교사역부는 막힌 하늘 길보다는 열린 온라인의 길에 집중하여 줌ZOOM으로 현지와 연결해서 현지 운동원들을 만나고 소그룹을 하는 해외비전트립을 진행했다. 이 해외비전트립은 선교사역부 중심으로 전국으로 진행되기도 했고, 각 지부별로도 진행해 세계에 흩어져 있는 운동원들을 만날 수 있는 기회가 되었다.

6. 코로나 시대 청소년 신앙 리포트

　이전부터 계획하고 추진하던 청소년 설문조사가 코로나19 시대에 이루어졌다. 이 프로젝트는 코로나19를 인한 중고생들이 변화를 파악하고 그에 맞는 사역적 방안을 도출하는 연구였다. 이 연구는 전국단위의 설문조사로 1,700여명의 청소년들이 참가해서 코로나 시대 명실상부한 청소년 이해 도서로 자리매김했다. 또한 SFC포럼 『코로나19에 따른 한국교회 청소년 사역방안』을 개최하면서 Creative Ministries 2025 for YOU.T.H를 제안해 사역자들의 뜨거운 반응을 이끌어냈다. 이 프로젝트를 마중물로 그 다음해에 『위드코로나 시대 다음세대 신앙리포트』가 출간되었다.

7. 청소년들을 위한 십! 십! 십!

 Teen SFC를 담당하는 청소년사역부에서는 십대들을 위한 십 분 안에 보는 십계명, '십십십'을 만들어 냈다. 이 십십십은 청소년들이 십계명에 좀 더 친숙하게 접근할 수 있도록 내용을 쉽게 만들고 일상생활에서 적용점을 찾아냈다. 청소년사역부 간사들이 직접 연출과 출연까지 맡아 혼신의 연기를 펼쳤고 강의와 영상편집까지 담당했다.

 이렇게 소개된 코로나 시대 SFC 사역은 말 그대로 빙산의 일각이다. SFC 간사들의 손과 발의 수고를 통해 더 많은 사역들을 이루어졌다. 지난 코로나 시대 3년을 돌아보니 간사들의 땀, 수고, 눈물이 곳곳에 남아 보석 같이 빛나고 있다. 바라기는 지금도 살아계셔 역사하시는 하나님께서 간사들의 수고를 받으시고 푸른 의의 나무가 가득한 세상에 한 알의 밀알로 삼아 주시길 바란다.

IV
연구대상 및 분석방법

위드코로나시대
다음세대
신앙리포트 ②

이번 연구에서는 전국 16개 시도에 거주하고 있는 교회의 담임목사, 부교역자, 교사, 대학생 1,126명을 대상으로 실태 조사를 실시하였으며, 이 중 학생신앙운동SFC에서는 다음세대 사역 교사와 대학생을 중심으로 자료를 추출하여 분석하였다. 설문조사 시기는 2022년 11월 22일부터 12월 6일까지였으며, 설문조사 방법은 네이버폼을 이용한 웹설문지 형식으로 실시하였다.

1. 교회학교 교사

교사의 개인적 배경은 다음 <표 Ⅳ-1>과 같다. 개인적 배경을 구체적으로 살펴보면, 성별은 남자가 28.1%, 여자가 71.9%로 나타났다. 교회 소속 지역은 부산이 28.3%로 가장 많았고, 다음으로 경남과 경기(각 13.7%), 울산(10.6%) 등의 순으로 나타났다. 연령대는 50-59세가 38.4%로 가장 많았고, 다음으로 40-49세(36.9%), 60세 이상(8.6%) 등의 순으로 나타났다. 지역 규모는 광역시가 62.0%로 가장 많았고, 다음으로 90-20만 중규모도시(21.5%), 15만-5만 소규모도시(10.2%) 등의 순으로 나타났다. 교회 규모는 1000명 이상이 38.2%로 가장 많았고, 다음으로 300-600명(22.5%), 150-300명(19.5%), 600-1000명(9.6%) 등의 순으로 나타났다. 섬기는 부서로는 초등 1·2부가 44.6%로 가장 많았고, 다음으로 영유아·유치부(22.5%), 중등부(17.9%), 고등부(13.0%) 등의 순으로 나타났다. 섬기는 부서의 규모로는 21-40명이 33.5%로 가장 많았고, 다음으로 11-20명(19.1%), 61-100명(18.9%) 등의 순으로 나타났다. 직분으로는 서리집사가 58.0%로 가장 많았고, 다음으로 직분없음(15.9%), 권사(13.1%) 등의 순으로 나타났다. 교사로서 봉사 기간은 12년 이상이 31.5%로 가장 많았고, 다음으로 1-3년(25.3%), 4-6년(22.5%) 등의 순으로 나타났다. 이 중 본 연구에서는 청소년과 직접적인 관련이 있는 중등부와 고등부 교사들만을 추출하여 분석하였다.

<표 IV-1> 연구참여: 교사(N=502)

구분		명	%
성별	남	141	28.1
	여	361	71.9
연령대	20~29세	39	7.8
	30~39세	42	8.4
	40~49세	185	36.9
	50-59세	193	38.4
	60세 이상	43	8.6
지역 규모	광역시	311	62.0
	90-20만 중규모도시	108	21.5
	15만-5만 소규모도시	51	10.2
	읍과 면	31	6.2
	도서지방 및 선교지	1	.2
교회 규모	50명 이하	4	.8
	50-150명	47	9.4
	150-300명	98	19.5
	300-600명	113	22.5
	600-1000명	48	9.6
	1000명 이상	192	38.2
섬기는 부서 (중복응답)	영유아·유치부	135	22.5
	초등1·2부	267	44.6
	중등부	107	17.9
	고등부	78	13.0
	대학부	12	2.0

섬기는 부서 규모	10명 이하	32	6.4
	11-20명	96	19.1
	21-40명	168	33.5
	41-60명	93	18.5
	61-100명	95	18.9
	101-200명	16	3.2
	201명 이상	2	.4
직분	직분없음	80	15.9
	서리집사	291	58.0
	안수집사	47	9.4
	권사	66	13.1
	장로	18	3.6
봉사 기간	1-3년	127	25.3
	4-6년	113	22.5
	7-9년	50	10.0
	10-12년	54	10.8
	12년 이상	158	31.5

2. 대학생

대학생의 개인적 배경은 다음 <표 Ⅳ-2>와 같다. 개인적 배경을 구체적으로 살펴보면, 성별은 남자가 49.2%, 여자가 50.8%로 나타났다. 연령은 24세 이상이 32.0%로 가장 많았고, 다음으로 20세(20.5%), 21세(19.7%) 등의 순으로 나타났다. 대학 소속 지역은 경남이 31.1%로 가장 많았고, 다음으로 부산(19.7%), 대구(13.1%) 등의 순으로 나타났다. 신앙 연수는 모태신앙이 77.0%로 가장 많았고, 다음으로 10년 이상(10.7%), 5-10년(6.6%) 등의 순으로 나타났다. 교회 소속 지역은 경남이 32.0%로 가장 많았고, 다음으로 부산(18.0%), 경북(9.8%) 등의 순으로 나타났다. 지역 규모는 광역시가 45.9%로 가장 많았고, 다음으로 90-20만 중규모도시(24.6%), 15만-5만 소규모도시(16.4%) 등의 순으로 나타났다. 교회 규모는 150-300명이 26.2%로 가장 많았고, 다음으로 50-150명 (26.2%), 300-600명(17.2%) 등의 순으로 나타났다.

<표 IV-2> 연구참여: 대학생(N=122)

구분		명	%
성별	남자	60	49.2
	여자	62	50.8
연령	20세	25	20.5
	21세	24	19.7
	22세	18	14.8
	23세	16	13.1
	24세 이상	39	32.0
신앙 연수	초신자	3	2.5
	1-5년	4	3.3
	5-10년	8	6.6
	10년 이상	13	10.7
	모태신앙	94	77.0
지역 규모	광역시	56	45.9
	90-20만 중규모도시	30	24.6
	15만-5만 소규모도시	20	16.4
	읍과 면	14	11.5
	도서지방 및 선교지	2	1.6
교회 규모	50명 이하	17	13.9
	50-150명	29	23.8
	150-300명	32	26.2
	300-600명	21	17.2
	600-1000명	11	9.0
	1000명 이상	12	9.8

3. 코로나 블루 청소년

본 연구에서는 청소년의 특성을 이해하기 위하여 학생신앙운동SFC의 「코로나19에 따른 한국교회 청소년 사역방안 기초조사」 데이터를 추가 활용하였다. 해당 조사는 전국 16개 시도(제주도 및 울릉도 포함)에 거주하고 있는 교회에 출석하는 청소년(중·고등학생) 1,753명(남: 850명, 여: 903명)을 대상으로 실태 조사를 실시하였다. 표집방법은 기본적으로 모집단을 중심으로 한 지역별 유층표집stratified sampling이 적용되었으며, 동시에 모집단의 비례를 고려하여 하위집단을 할당 배정하여 무선적으로 표본을 추출하였다.[1] 「코로나19에 따른 한국교회 청소년 사역방안 기초조사」 데이터에 기초하여 본 연구의 목적에 부합하는 코로나 블루 청소년들은 '코로나19로 인해 우울감이 들었다(코로나 블루 현상)'에 대하여 적극적인 긍정('매우 그렇다'와 '그렇다')으로 응답한 남 102명(34.0%), 여 198명(66.0%)이 다시 추출되어 최종 연구대상으로 300명이 구성되었다. 구체적인 연구의 분석대상의 특징은 다음과 같다.

---

1. 이현철·문화랑·이원석·안성복, 『코로나 시대 청소년신앙 리포트』(서울: SFC, 2021), 52. 「코로나19에 따른 한국교회 청소년 사역방안 기초조사」 데이터의 설문 내용은 개인적 배경과 관련된 12문항, 코로나19와 개인생활 관련 4문항, 코로나19 이전과 이후의 생활변화 관련 12문항, 코로나19와 학교생활 관련 13문항, 코로나19와 신앙생활 관련 28문항의 총 69문항으로 구성되었다. 해당 문항의 도출과정은 선행연구를 바탕으로 기초 문항을 구성하였으며, 현장전문가와의 4차에 걸친 타당화 및 사전 논의를 통해 개발되었다. 해당 데이터에서 활용된 문항의 영역별 신뢰도 Cronbach α계수는 .824~.938 수준이었다.

<표 IV-3> 본 연구의 분석대상: 코로나 블루 청소년

구분		빈도	%
성별	남자	102	34.0
	여자	198	66.0
	합계	300	100.0
학교급	중학교	114	38.0
	고등학교	172	57.3
	기타(홈스쿨링, 대안학교)	14	4.7
	합계	300	100.0
신급	원입(새신자)	43	14.3
	학습	29	9.7
	세례	63	21.0
	유아세례-입교	165	55.0
	합계	300	100.0

*1,753명(남: 850명, 여: 903명) 중 코로나 블루 청소년 추출

4. 설문 내용

본 연구의 설문 내용은 개인적 배경과 관련된 문항(담임목사 4문항, 부교역자 8문항, 교사 9문항, 대학생 7문항), 포스트코로나 이후 교회사역의 핵심 영역 및 관리 사항 54문항, 포스트코로나 이후 사역의 방향 관련 18문항으로 구성되었다. 본 연구의 설문 내용은 다음 <표 IV-4>와 같다.

<표 Ⅳ-4> 설문 내용

구분		문항번호 및 내용	문항수
개인적 배경	교사	1. 성별, 2. 연령, 3. 교회 소속 지역, 4. 교회 소속 지역 규모, 5. 교회 규모, 6. 섬기는 부서, 7. 부서 규모, 8. 봉사 기간, 9. 직분	9
	대학생	1. 성별, 2. 연령, 3. 대학 소속 지역, 4. 신앙 연수, 5. 교회 소속 지역, 6. 교회 소속 지역 규모, 7. 교회 규모	7
포스트코로나 이후 교회사역의 핵심 영역 및 관리 사항	공통	• 신체적(육체적) 관리 영역에 대한 현재 선호도-미래 중요도(10문항) • 지성 및 교양 관리 영역에 대한 현재 선호도-미래 중요도(9문항) • 정서 관리 영역에 대한 현재 선호도-미래 중요도(9문항) • 사회성 관리 영역에 대한 현재 선호도-미래 중요도(9문항) • 윤리(도덕)성 관리 영역에 대한 현재 선호도-미래 중요도(8문항) • 신앙 관리 영역에 대한 현재 선호도-미래 중요도(9문항)	54
포스트코로나 이후 사역의 방향	공통 (대학생 제외)	• 포스트코로나 시대의 다음세대 교회 사역에 대한 현재 선호도-미래 중요도(15문항) • 사역의 어려움 원인(1순위, 2순위) • 포스트코로나 이후 예상되는 한국교회 변화(1순위, 2순위) • 포스트코로나 이후 한국교회의 가장 큰 위협 요소(1순위, 2순위)	18

5. 분석 방법[2]

본 연구에서는 SPSS 23.0 프로그램을 활용하여 청소년의 인식을 분석하였다. 구체적인 분석 방법은 다음과 같다.

첫째, 연구대상의 개인적 배경과 인식의 분포를 파악하기 위해 빈도분석을 실시하였다.

둘째, 요구도 우선순위를 파악하기 위하여 Borich(1980) 요구도와 locus for focus 모델유형 결정(Mink, Shultz, & Mink, 1991) 분석을 실시하였다.

먼저 Borich의 요구도 값은 현재 수준과 바람직한 수준 간의 차이에 바람직한 수준에 대한 가중치를 부여함으로써 두 수준 간 차이에 대하여 우선순위 결정의 방향성을 제공한다. 이를 수식으로 나타내면 다음과 같다.

---

[2] 본 절의 내용은 이현철(2021)의 "그들은 무엇을 요구하고 있는가: 한국교회 내 코로나블루 청소년의 요구 분석"(고신신학 23호, 205-222)의 일부임을 밝혀둔다.

$$\frac{\sum_{n=1}^{N}(RL_n - PL_n) \times \overline{RL}}{N}$$

RL(Required Level) : 미래 중요도 수준

PL(Perceived Level) : 현재 선호도 수준

$\overline{RL}$: 미래 중요도 수준의 평균

N : 전체 사례 수

Borich 요구도 공식은 바람직한 수준에 가중치를 둔 방식으로 요구도 값에 따라서 우선순위를 결정할 수 있다. 그러나 어느 순위까지를 최우선적으로 고려할 것인지에 대한 판단기준은 없다는 단점이 있다. 다음으로 이러한 단점을 보완하기 위해 The Locus for Focus Model을 사용하였다.[3]

[그림 IV-1] The Locus for Focus Model

	2사분면 (LH)	1사분면 (HH)
불일치 수준 평균	3사분면 (LL)	4사분면 (HL)

중요도 평균

3. Borich 요구도와 The Locus for Focus Model에 관하여서는 다음의 자료를 참고하라. Borich, G. D. "A needs assessment model for conducting follow-up studies," The Journal of Teacher Education, 31(3)(1980), 39-42. Mink, O. G., Shultz, J. M., & Mink, B. P. Developing and managing open organizations: A model and method for maximizing organizational potential (Austin: Somerset Consulting Group, Inc, 1991).

The Locus for Focus Model은 바람직한 수준의 평균값을 x축으로, 바람직한 수준과 현재 수준 간의 차이(불일치 수준)의 평균값을 y축으로 하는 좌표평면으로 [그림 Ⅳ-1]과 같다. [그림 Ⅳ-1]에서 보이듯 제1사분면(HH)은 중요성이 평균보다 높고 두 수준의 차이(불일치 수준)가 평균보다 높은 최우선순위군으로 분류할 수 있다. 다음으로 제2사분면(LH)은 중요성이 평균보다 낮고 두 수준의 차이가 평균보다 높고, 제4사분면(HL)은 중요성이 평균보다 높고 두 수준의 차이가 평균보다 낮아 차우선순위군으로 분류할 수 있다. 제3사분면(LL)은 중요성이 평균보다 낮고 두 수준의 차이(불일치 수준)가 평균보다 낮아 우선순위가 가장 낮은 영역이라고 할 수 있다.[4]

Borich 공식과 마찬가지로 바람직한 수준으로 우선순위 결정의 방향성을 갖는 The Locus for Focus Mode의 결과는 Borich 공식에서 도출된 우선순위에서 어느 순위까지를 1차적으로 고려할지에 대한 정보를 제공해 준다. 마지막으로 The Locus for Focus Mode에서 HH분면에 포함된 항목과 그 개수를 파악한다(차순위도 포함). 그리고 The Locus for Focus Mode에서 HH분면에 속한 항목의 개수만큼 Borich의 요구도 상위 순위에 포함된 항목들을 결정한다(차순위도 포함). 그리고 두 방법을 통해 상위 우선순위로 제안된 항목들의 중복성을 확인한다. 두 방법으로부터 공통으로 상위 우선순위에 해당되는 항목을 최우선순위 항목들로 결정한다. 또한 두 방법 중 하나에만 해당되는 항목을 차순위 항목들로 결정한다.[5]

---

4. 현영섭·권대봉·신현석·강현주·장은하·최지영, 『지역인적자원개발 정책 과제 발굴 및 추진계획마련』 (서울: 고려대학교 HRD 정책연구소, 2017), 67.
5. 조대연, "설문조사를 통한 요구분석에서 우선순위결정 방안 탐색," 「교육문제연구」, 35(2009), 177.

V
연구결과

1. 교사(전체)

가. 신체적(육체적) 관리 영역에 대한 요구도

교사(전체)의 신체적(육체적) 관리 영역에 대한 요구도를 분석하기 위해서 대응표본 t검정을 실시하였다. 현재 선호 수준과 미래 중요 수준에서 모두 금주와 금연을 통한 건강관리의 평균이 가장 높았으며, 대응표본 t검정 결과, 10개 분야에서 모두 통계적으로 유의미한 차이를 보였다. 본 연구에서 요구는 현재 선호 수준과 미래 중요 수준 간의 차이로 정의되기 때문에 모든 분야에서 갭gap으로서의 요구가 존재하였다. 다음으로 Borich의 요구도 값을 산출한 결과 가장 높은 요구도 값은 스마트폰이나 컴퓨터, TV 등 전자기기 절제였으며, 그 다음 순으로 정기적으로 의사 등 전문가를 만나 지병 관리, 유산소운동을 일주일에 3회 이상 신체 관리, 식사 시 영양소를 고려한 음식 관리 등의 순이었다. 교사(전체)의 신체적(육체적) 관리 영역에 대한 요구도 분석 결과는 <표 V-1>과 같다.

<표 V-1> 교사(전체)의 신체적(육체적) 관리 영역에 대한 요구도 분석

구분	현재선호도		미래중요도		차이		요구도	순위
	평균	순위	평균	순위	평균	t값		
1. 일상생활에서 틈틈이 맨손체조나 스트레칭을 통한 건강 관리	3.81	4	4.35	4	.55	14.161***	2.39	7
2. 일정한 시간에 잠들고, 일정한 시간에 깨어 일어남을 통한 수면 관리	3.98	2	4.42	2	.44	12.682***	1.95	9
3. 정기적으로 의사 등 전문가를 만나 지병 관리	3.35	10	4.15	10	.80	21.059***	3.33	2

항목								
4. 식사 시 적당량을 통한 음식 관리	3.73	6	4.31	7	.58	15.589***	2.51	6
5. 식사 시 영양소를 고려한 음식 관리	3.53	8	4.23	9	.70	18.277***	2.95	4
6. 늦은 밤 자기 전에 야식 절제	3.75	5	4.40	3	.66	14.205***	2.89	5
7. 스마트폰이나 컴퓨터, TV 등 전자기기 절제	3.43	9	4.26	8	.83	20.459***	3.54	1
8. 유산소운동을 일주일에 3회 이상 신체 관리	3.56	7	4.33	6	.77	16.795***	3.33	3
9. 몸이 아프거나 이상이 생길 것 같은 느낌이 있을 때 적절한 조치	3.88	3	4.34	5	.46	12.807***	2.00	8
10. 금주와 금연을 통한 건강관리	4.56	1	4.64	1	.08	2.075*	0.38	10

*p<.05, ***p<.001

다음으로 교사(전체)의 신체적(육체적) 관리 영역을 The Locus for Focus 모델을 활용하여 우선순위를 분석한 결과는 [그림 Ⅴ-1]과 <표 Ⅴ-2>와 같다. 교사(전체)들이 인식하고 있는 신체적(육체적) 관리 영역의 미래 중요 수준 평균은 4.34이며, 불일치 수준(미래 중요 수준-현재 선호 수준)의 평균은 0.59로 나타났다. 미래 중요 수준의 평균을 x축으로, 불일치 수준의 평균을 y축으로 하여 사사분면으로 나타냈을 때, 제1사분면의 영역에 속하는 신체적(육체적) 관리 영역들은 교사(전체)들이 중요하게 생각하고 미래 중요 수준과 현재 선호 수준 간의 불일치 수준이 높은 것들로 최우선적으로 요구되는 신체적(육체적) 관리 영역들이다.

분석 결과, 제1사분면에 포함되는 신체적(육체적) 관리 영역은 늦은 밤 자기 전에 야식 절제였고, 제2사분면에는 정기적으로 의사 등 전문가를 만나 지병 관리, 식사 시 영양소를 고려한 음식 관리, 스마트폰이나 컴퓨터, TV 등 전자기기 절제, 유산소운동을 일주일에 3회 이상 신체 관리였으며, 제3사분면에는 식사 시 적당량을 통한 음식 관리, 몸이 아프거나 이상이 생길 것 같은 느낌이 있을 때 적절한 조치였고, 제4사분면에는 일상생활에서 틈틈이 맨손체조나 스트레칭을 통한 건강관리, 일정한 시간에 잠들고, 일정한 시간에 깨어 일어남을 통한 수면 관리, 금주와 금연을 통한 건강관리였다.

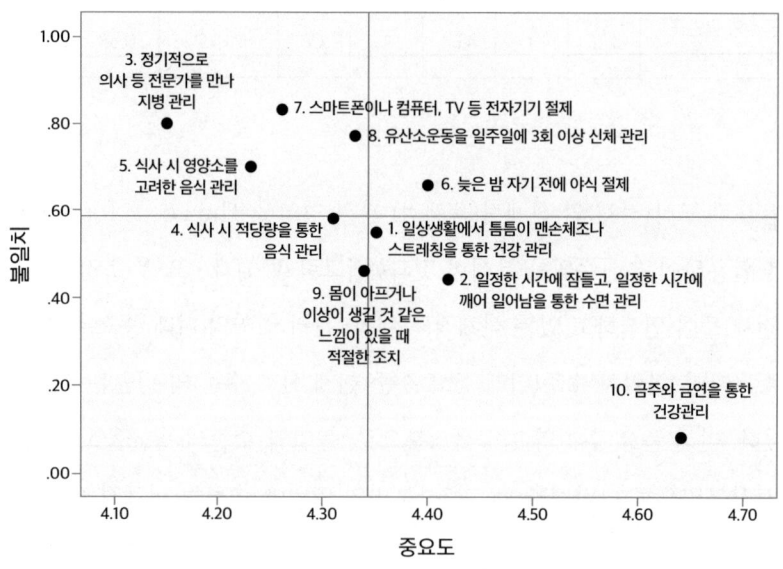

[그림 Ⅴ-1] The Locus for Focus모델을 활용한 교사(전체)의 신체적(육체적) 관리 영역 우선순위

<표 Ⅴ-2> The Locus for Focus 모델을 활용한
교사(전체)의 신체적(육체적) 관리 영역 우선순위

분면	신체적(육체적) 관리 영역 우선순위
1사분면 (고고)	늦은 밤 자기 전에 야식 절제
2사분면 (저고)	정기적으로 의사 등 전문가를 만나 지병 관리, 식사 시 영양소를 고려한 음식 관리, 스마트폰이나 컴퓨터, TV 등 전자기기 절제, 유산소운동을 일주일에 3회 이상 신체 관리
3사분면 (저저)	식사 시 적당량을 통한 음식 관리, 몸이 아프거나 이상이 생길 것 같은 느낌이 있을 때 적절한 조치
4사분면 (고저)	일상생활에서 틈틈이 맨손체조나 스트레칭을 통한 건강관리, 일정한 시간에 잠들고, 일정한 시간에 깨어 일어남을 통한 수면 관리, 금주와 금연을 통한 건강관리

나. 지성 및 교양 관리 영역에 대한 요구도

교사(전체)의 지성 및 교양 관리 영역에 대한 요구도를 분석하기 위해서 대응표본 t검정을 실시하였다. 현재 선호 수준과 미래 중요 수준에서 모두 규칙적인 독서 활동의 평균이 가장 높았으며, 대응표본 t검정 결과, 9개 분야 모두 통계적으로 유의미한 차이를 보였다. 본 연구에서 요구는 현재 선호 수준과 미래 중요 수준 간의 차이로 정의되기 때문에 모든 분야에서 갭gap으로서의 요구가 존재하였다. 다음으로 Borich의 요구도 값을 산출한 결과 가장 높은 요구도 값은 규칙적인 독서 활동이었으며, 그 다음 순으로 멘토를 통한 학습활동, 동료들과의 정례적인 사역 관련 스터디 활동, 온라인(동영상) 교육 참여 활동 등의 순이었다. 교사(전체)의 지성 및 교양 관리에 대한 요구도 분석 결과는 <표 Ⅴ-3>과 같다.

<표 V-3> 교사(전체)의 지성 및 교양 관리에 대한 요구도 분석

구분	현재선호도		미래중요도		차이		요구도	순위
	평균	순위	평균	순위	평균	t값		
1. 사역 전문성 강화를 위한 학위과정 (석사 및 박사) 등록	3.18	8	3.41	10	.24	6.765***	0.81	8
2. 동료들과의 정례적인 사역 관련 스터디 활동	3.52	3	3.82	3	.30	9.154***	1.15	3
3. 기관 및 단체의 교육세미나 참여 활동	3.51	4	3.78	4	.27	9.011***	1.04	6
4. 규칙적인 독서 활동	3.62	1	4.01	1	.39	11.713***	1.57	1
5. 정기적인 뉴스 검색 활동	3.59	2	3.74	5	.16	4.530***	0.58	9
6. 온라인(동영상) 교육 참여 활동	3.38	6	3.68	7	.30	9.202***	1.10	4
7. 일반 사회 교육기관 (평생교육원 등) 참여 활동	3.22	7	3.53	8	.31	9.564***	1.10	5
8. 자기 계발을 위한 해외 연수 활동	3.15	9	3.45	9	.30	8.388***	1.03	7
9. 멘토를 통한 학습활동	3.50	5	3.83	2	.33	11.366***	1.28	2

***p<.001

다음으로 교사(전체)의 지성 및 교양 관리 영역을 The Locus for Focus 모델을 활용하여 우선순위를 분석한 결과는 [그림 V-2]와 <표 V-4>와 같다. 교사(전체)들이 인식하고 있는 지성 및 교양 관리 영역의 미래 중요 수준 평균은 3.70이며, 불일치 수준(미래 중요 수준-현재 선호 수준)의 평균은 0.29로 나타났다. 미래 중요 수준의 평균을 x축으로, 불일치 수준의 평균을 y축으로 하여 사사분면으로 나타냈을 때, 제1사분면의 영역에 속하는 지성 및 교양 관리 영역들은 교사(전체)들이 중요하게 생각하고 미래 중요 수준과 현재 선호 수준 간의 불일치 수준이 높은 것들로 최우선적으로 요구되는 지성 및 교양 관리 영역들이다.

분석 결과, 제1사분면에 포함되는 지성 및 교양 관리 영역은 동료들과의 정례적인 사역 관련 스터디 활동, 규칙적인 독서 활동, 멘토를 통한 학습활동이었고, 제2사분면은 온라인(동영상) 교육 참여 활동, 일반 사회 교육기관(평생교육원 등) 참여 활동, 자기 계발을 위한 해외 연수 활동이었으며, 제3사분면은 사역 전문성 강화를 위한 학위과정(석사 및 박사) 등록이었고, 제4사분면은 기관 및 단체의 교육세미나 참여 활동, 정기적인 뉴스 검색 활동이었다.

[그림 Ⅴ-2] The Locus for Focus모델을 활용한 교사(전체) 지성 및 교양 관리 영역 우선순위

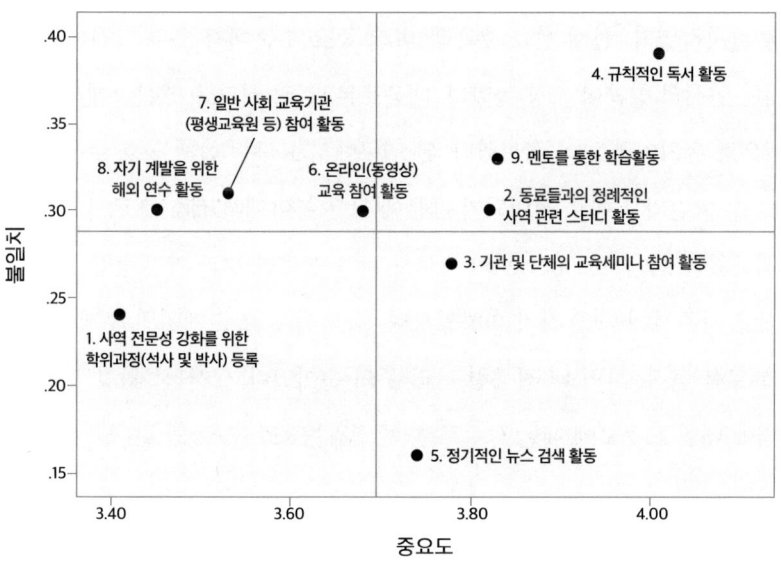

<표 V-4> The Locus for Focus 모델을 활용한 교사(전체) 지성 및 교양 관리 영역 우선순위

분면	지성 및 교양 관리 영역 우선순위
1사분면 (고고)	동료들과의 정례적인 사역 관련 스터디 활동, 규칙적인 독서 활동, 멘토를 통한 학습활동
2사분면 (저고)	온라인(동영상) 교육 참여 활동, 일반 사회 교육기관(평생교육원 등) 참여 활동, 자기 계발을 위한 해외 연수 활동
3사분면 (저저)	사역 전문성 강화를 위한 학위과정(석사 및 박사) 등록
4사분면 (고저)	기관 및 단체의 교육세미나 참여 활동, 정기적인 뉴스 검색 활동

다. 정서 관리 영역에 대한 요구도

교사(전체)의 정서 관리 영역에 대한 요구도를 분석하기 위해서 대응표본 t검정을 실시하였다. 현재 선호 수준과 미래 중요 수준에서 모두 자신에 대한 긍정적인 인식의 평균이 가장 높았다. 대응표본 t검정 결과, 9개 분야에서 모두 통계적으로 유의미한 차이를 보였다. 본 연구에서 요구는 현재 선호 수준과 미래 중요 수준 간의 차이로 정의되기 때문에 모든 분야에서 갭gap으로서의 요구가 존재하였다. 다음으로 Borich의 요구도 값을 산출한 결과 가장 높은 요구도 값은 낮은 자존감에 따른 자기 비하였으며, 그 다음 순으로 개인의 문제해결력 관리, 외로움 극복, 사역 내 집중력 관리 등의 순이었다. 교사(전체)의 정서 관리 영역에 대한 요구도에 대한 요구도 분석 결과는 <표 V-5>와 같다.

<표 Ⅴ-5> 교사(전체)의 정서 관리 영역에 대한 요구도 분석

구분	현재선호도		미래중요도		차이		요구도	순위
	평균	순위	평균	순위	평균	t값		
1. 개인의 분노 조절 및 관리	4.24	4	4.35	4	.10	4.205***	0.45	8
2. 일상생활 중 자신감 회복	4.25	3	4.36	3	.12	4.680***	0.50	6
3. 개인의 불안 및 초조에 대한 조절 및 관리	4.21	5	4.35	4	.14	5.714***	0.60	5
4. 사역 내 집중력 관리	4.15	7	4.30	8	.16	6.542***	0.67	4
5. 개인의 문제해결력 관리	4.17	6	4.34	6	.17	7.032***	0.74	2
6. 평정심 유지	4.26	2	4.37	2	.10	4.162***	0.44	9
7. 외로움 극복	4.11	8	4.27	9	.16	6.062***	0.70	3
8. 낮은 자존감에 따른 자기 비하	3.79	9	4.01	10	.22	7.386***	0.87	1
9. 자신에 대한 긍정적인 인식	4.29	1	4.40	1	.11	4.385***	0.48	7

***$p<.001$

다음으로 교사(전체)의 정서 관리 영역을 The Locus for Focus 모델을 활용하여 우선순위를 분석한 결과는 [그림 Ⅴ-3]과 <표 Ⅴ-6>과 같다. 교사(전체)들이 인식하고 있는 정서 관리 영역의 미래 중요 수준 평균은 4.31이며, 불일치 수준(미래 중요 수준-현재 선호 수준)의 평균은 0.14로 나타났다. 미래 중요 수준의 평균을 x축으로, 불일치 수준의 평균을 y축으로 하여 사사분면으로 나타냈을 때, 제1사분면의 영역에 속하는 정서 관리 영역들은 교사(전체)들이 중요하게 생각하고 미래 중요 수준과 현재 선호 수준 간의 불일치 수준이 높은 것들로 최우선적으로 요구되는 정서 관리 영역들이다.

분석 결과, 제1사분면에 포함되는 정서 관리 영역은 개인의 문제해결력 관리였고, 제2사분면은 사역 내 집중력 관리, 외로움 극복, 낮은 자존감에 따른 자기 비하였으며, 제3사분면은 해당 사항이 없었고, 제4사분면은 개인의 분노 조절 및 관리, 일상생활 중 자신감 회복, 개인의 불안 및 초조에 대한 조절 및 관리, 평정심 유지, 자신에 대한 긍정적인 인식이었다.

[그림 V-3] The Locus for Focus모델을 활용한 교사(전체) 정서 관리 영역 우선순위

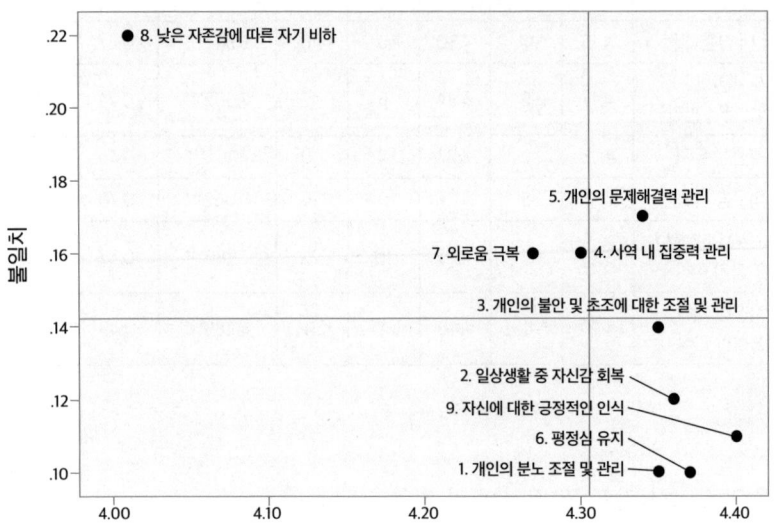

<표 Ⅴ-6> The Locus for Focus 모델을 활용한 교사(전체) 정서 관리 영역 우선순위

분면	정서 관리 영역 우선순위
1사분면 (고고)	개인의 문제해결력 관리
2사분면 (저고)	사역 내 집중력 관리, 외로움 극복, 낮은 자존감에 따른 자기 비하
3사분면 (저저)	-
4사분면 (고저)	개인의 분노 조절 및 관리, 일상생활 중 자신감 회복, 개인의 불안 및 초조에 대한 조절 및 관리, 평정심 유지, 자신에 대한 긍정적인 인식

라. 사회성 관리 영역에 대한 요구도

교사(전체)의 사회성 관리 영역에 대한 요구도를 분석하기 위해서 대응표본 t검정을 실시하였다. 현재 선호 수준과 미래 중요 수준에서 모두 공동체 소속감의 평균이 가장 높았으며, 대응표본 t검정 결과, 9개 분야에서 모두 통계적으로 유의미한 차이를 보였다. 본 연구에서 요구는 현재 선호 수준과 미래 중요 수준 간의 차이로 정의되기 때문에 모든 분야에서 갭gap으로서의 요구가 존재하였다. 다음으로 Borich의 요구도 값을 산출한 결과 가장 높은 요구도 값은 적극적으로 사회적 모임 참여였으며, 그 다음 순으로 사회활동을 통해 사람들과의 교제, 혼자 집에 있는 것보다 사회활동이 주는 즐거움, 공동체를 통한 안정감 등의 순이었다. 교사(전체)의 사회성 관리 영역에 대한 요구도에 대한 요구도 분석 결과는 <표 Ⅴ-7>과 같다.

<표 V-7> 교사(전체)의 사회성 관리 영역에 대한 요구도 분석

구분	현재선호도		미래중요도		차이		요구도	순위
	평균	순위	평균	순위	평균	t값		
1. 사회활동을 통해 사람들과의 교제	3.81	7	4.08	4	.26	9.848***	1.07	2
2. 사회활동이 주는 삶의 활력	3.81	6	4.04	8	.22	7.931***	0.90	7
3. 혼자 집에 있는 것보다 사회활동이 주는 즐거움	3.68	8	3.95	9	.27	9.676***	1.07	3
4. 공동체 소속감	3.98	1	4.16	1	.18	6.648***	0.76	9
5. 공동체를 통한 안정감	3.87	4	4.10	2	.23	7.900***	0.95	4
6. 개인의 삶을 통한 사회 기여	3.88	2	4.10	2	.22	7.503***	0.91	6
7. 공동체 내 개인적 가치와 의미	3.87	3	4.07	6	.20	7.246***	0.81	8
8. 적극적으로 사회적 모임 참여	3.58	9	3.91	10	.34	11.387***	1.33	1
9. 사회적 모임 참여에 따른 감사한 마음	3.85	5	4.07	5	.22	8.182***	0.91	5

***$p<.001$

다음으로 교사(전체)의 사회성 관리 영역을 The Locus for Focus 모델을 활용하여 우선순위를 분석한 결과는 [그림 V-4]와 <표 V-8>과 같다. 교사(전체)들이 인식하고 있는 사회성 관리 영역의 미래 중요 수준 평균은 4.05이며, 불일치 수준(미래 중요 수준-현재 선호 수준)의 평균은 0.24로 나타났다. 미래 중요 수준의 평균을 x축으로, 불일치 수준의 평균을 y축으로 하여 사사분면으로 나타냈을 때, 제1사분면의 영역에 속하는 사회성 관리 영역들은 교사(전체)들이 중요하게 생각하고 미래 중요 수준과 현재 선호 수준 간의 불일치 수준이 높은 것들로 최우선적으로 요구되는 사회성 관리 영역들이다.

분석 결과, 제1사분면에 포함되는 사회성 관리 영역은 사회활동을 통해 사람들과의 교제였고, 제2사분면은 혼자 집에 있는 것보다 사회활동이 주는 즐거움, 적극적으로 사회적 모임 참여였으며, 제3사분면은 사회활동이 주는 삶의 활력이었고, 제4사분면은 공동체 소속감, 공동체를 통한 안정감, 개인의 삶을 통한 사회 기여, 공동체 내 개인적 가치와 의미, 사회적 모임 참여에 따른 감사한 마음이었다.

[그림 Ⅴ-4] The Locus for Focus모델을 활용한 교사(전체) 사회성 관리 영역 우선순위

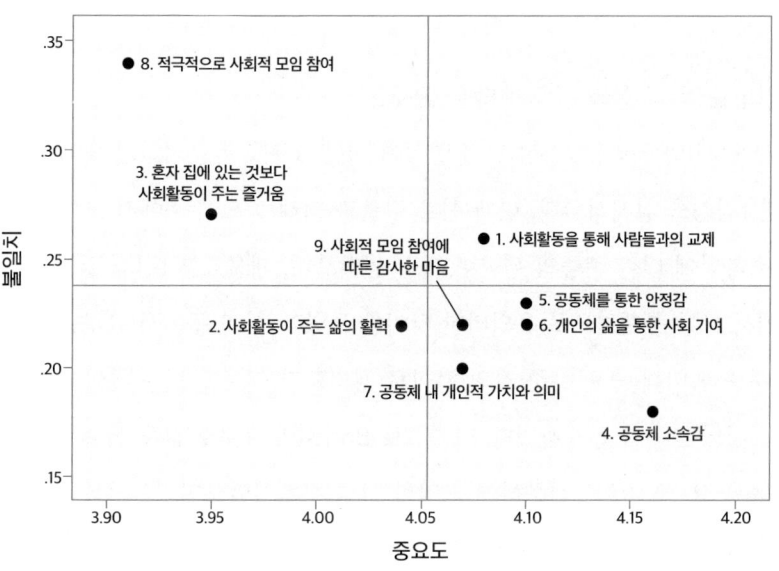

<표 V-8> The Locus for Focus 모델을 활용한 교사(전체) 사회성 관리 영역 우선순위

분면	사회성 관리 영역 우선순위
1사분면 (고고)	사회활동을 통해 사람들과의 교제
2사분면 (저고)	혼자 집에 있는 것보다 사회활동이 주는 즐거움, 적극적으로 사회적 모임 참여
3사분면 (저저)	사회활동이 주는 삶의 활력
4사분면 (고저)	공동체 소속감, 공동체를 통한 안정감, 개인의 삶을 통한 사회 기여, 공동체 내 개인적 가치와 의미, 사회적 모임 참여에 따른 감사한 마음

마. 윤리(도덕)성 관리 영역에 대한 요구도

교사(전체)의 윤리(도덕)성 관리 영역에 대한 요구도를 분석하기 위해서 대응표본 t검정을 실시하였다. 현재 선호 수준과 미래 중요 수준에서 모두 인격체로서 타인에 대한 존중의 평균이 가장 높았으며, 대응표본 t검정 결과, 8개 분야에서 모두 통계적으로 유의미한 차이를 보였다. 본 연구에서 요구는 현재 선호 수준과 미래 중요 수준 간의 차이로 정의되기 때문에 모든 분야에서 갭 gap으로서의 요구가 존재하였다. 다음으로 Borich의 요구도 값을 산출한 결과 가장 높은 요구도 값은 전문성에 근거한 사역 수행이었으며, 그 다음 순으로 타인의 안위를 위한 정확한 의견 제시, 윤리적으로 최선의 것을 선택하기 위한 토론, 윤리성에 대한 개인적 성찰 등의 순이었다. 교사(전체)의 윤리(도덕)성 관리 영역에 대한 요구도에 대한 요구도 분석 결과는 <표 V-9>와 같다.

<표 Ⅴ-9> 교사(전체)의 윤리(도덕)성 관리 영역에 대한 요구도 분석

구분	현재선호도		미래중요도		차이		요구도	순위
	평균	순위	평균	순위	평균	t값		
1. 인격체로서 타인에 대한 존중	4.35	1	4.44	1	.09	3.588***	0.40	8
2. 일상생활 내 타인에 대한 정직	4.29	2	4.40	2	.11	4.399***	0.49	7
3. 타인의 안위를 위한 정확한 의견 제시	3.97	7	4.22	8	.25	9.281***	1.07	2
4. 윤리적으로 최선의 것을 선택하기 위한 토론	4.01	6	4.24	7	.23	8.217***	0.96	3
5. 윤리성에 대한 개인적 성찰	4.14	3	4.33	3	.19	7.643***	0.80	4
6. 타인이 느끼는 감정에 대한 공감	4.14	4	4.30	4	.17	6.785***	0.73	6
7. 고통당하는 타인에 대한 연민	4.09	5	4.28	6	.19	7.815***	0.80	5
8. 전문성에 근거한 사역 수행	3.93	8	4.20	9	.27	8.975***	1.14	1

***$p<.001$

다음으로 교사(전체)의 윤리(도덕)성 관리 영역을 The Locus for Focus 모델을 활용하여 우선순위를 분석한 결과는 [그림 Ⅴ-5]와 <표 Ⅴ-10>과 같다. 교사(전체)들이 인식하고 있는 윤리(도덕)성 관리 영역의 미래 중요 수준 평균은 4.30이며, 불일치 수준(미래 중요 수준-현재 선호 수준)의 평균은 0.19로 나타났다. 미래 중요 수준의 평균을 x축으로, 불일치 수준의 평균을 y축으로 하여 사사분면으로 나타냈을 때, 제1사분면의 영역에 속하는 윤리(도덕)성 관리 영역들은 교사(전체)들이 중요하게 생각하고 미래 중요 수준과 현재 선호 수준 간의 불일치 수준이 높은 것들로 최우선적으로 요구되는 윤리(도덕)성 관리 영역들이다.

분석 결과, 제1사분면에 포함되는 윤리(도덕)성 관리 영역은 윤리성에 대한 개인적 성찰이었고, 제2사분면은 인격체로서 타인에 대한 존중, 일상생활 내 타인에 대한 정직이었으며, 제3사분면은 타인이 느끼는 감정에 대한 공감이었고, 제4사분면은 타인의 안위를 위한 정확한 의견 제시, 윤리적으로 최선의 것을 선택하기 위한 토론, 고통당하는 타인에 대한 연민, 전문성에 근거한 사역 수행이었다.

[그림 Ⅴ-5] The Locus for Focus모델을 활용한 교사(전체) 윤리(도덕)성 관리 영역 우선순위

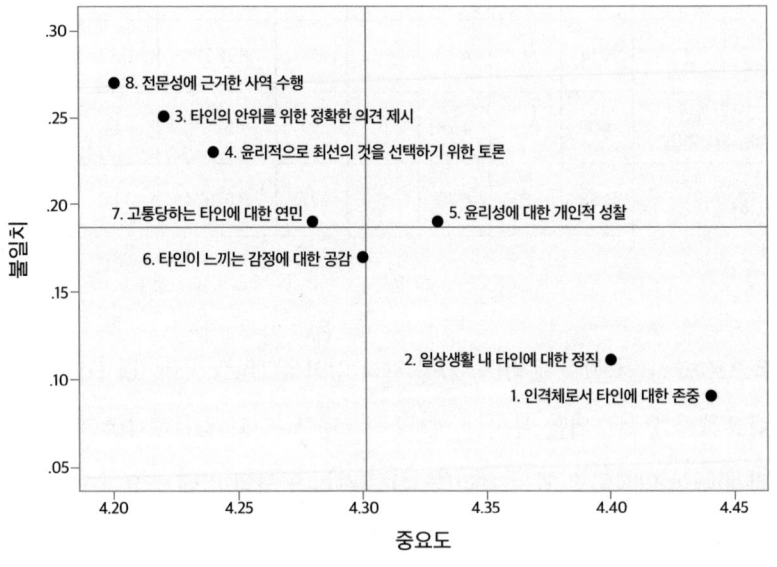

<표 V-10> The Locus for Focus 모델을 활용한 교사(전체) 윤리(도덕)성 관리 영역 우선순위

분면	윤리(도덕)성 관리 영역 우선순위
1사분면 (고고)	윤리성에 대한 개인적 성찰
2사분면 (저고)	인격체로서 타인에 대한 존중, 일상생활 내 타인에 대한 정직
3사분면 (저저)	타인이 느끼는 감정에 대한 공감
4사분면 (고저)	타인의 안위를 위한 정확한 의견 제시, 윤리적으로 최선의 것을 선택하기 위한 토론, 고통당하는 타인에 대한 연민, 전문성에 근거한 사역 수행

바. 신앙 관리 영역에 대한 요구도

교사(전체)의 신앙 관리 영역에 대한 요구도를 분석하기 위해서 대응표본 t 검정을 실시하였다. 현재 선호 수준과 미래 중요 수준에서 모두 규칙적인 예배의 평균이 가장 높았으며, 대응표본 t검정 결과, 9개 분야에서 모두 통계적으로 유의미한 차이를 보였다. 본 연구에서 요구는 현재 선호 수준과 미래 중요 수준 간의 차이로 정의되기 때문에 모든 분야에서 갭gap으로서의 요구가 존재하였다. 다음으로 Borich의 요구도 값을 산출한 결과 가장 높은 요구도 값은 정기적인 전도였으며, 그 다음 순으로 규칙적인 성경 묵상, 정기적인 기도, 정기적인 심방 등의 순이었다. 교사(전체)의 신앙 관리 영역에 대한 요구도에 대한 요구도 분석 결과는 <표 V-11>과 같다.

<표 V-11> 교사(전체)의 신앙 관리 영역에 대한 요구도 분석

구분	현재선호도		미래중요도		차이		요구도	순위
	평균	순위	평균	순위	평균	t값		
1. 정기적인 기도	4.09	2	4.59	2	.50	14.461***	2.32	3
2. 규칙적인 성경 묵상	4.06	3	4.58	3	.52	15.071***	2.38	2
3. 경건 서적 읽기	3.61	6	4.11	8	.50	13.359***	2.04	5
4. 신앙 주제 대화	3.89	5	4.19	6	.30	9.587***	1.26	7
5. 교회 지체와의 교제	3.99	4	4.28	4	.29	10.017***	1.24	8
6. 신학 공부	3.26	9	3.72	10	.45	13.141***	1.69	6
7. 정기적인 심방	3.28	8	3.82	9	.54	14.567***	2.08	4
8. 규칙적인 예배	4.52	1	4.65	1	.13	5.639***	0.60	9
9. 정기적인 전도	3.45	7	4.14	7	.69	17.696***	2.86	1

***$p<.001$

다음으로 교사(전체)의 신앙 관리 영역을 The Locus for Focus 모델을 활용하여 우선순위를 분석한 결과는 [그림 V-6]과 <표 V-12>와 같다. 교사(전체)들이 인식하고 있는 신앙 관리 영역의 미래 중요 수준 평균은 4.23이며, 불일치 수준(미래 중요 수준-현재 선호 수준)의 평균은 0.44로 나타났다. 미래 중요 수준의 평균을 x축으로, 불일치 수준의 평균을 y축으로 하여 사사분면으로 나타냈을 때, 제1사분면의 영역에 속하는 신앙 관리 영역들은 교사(전체)들이 중요하게 생각하고 미래 중요 수준과 현재 선호 수준 간의 불일치 수준이 높은 것들로 최우선적으로 요구되는 신앙 관리 영역들이다.

분석 결과, 제1사분면에 포함되는 신앙 관리 영역은 정기적인 기도, 규칙적인 성경 묵상이었고, 제2사분면은 경건 서적 읽기, 신학 공부, 정기적인 심방, 정기적인 전도였으며, 제3사분면은 신앙 주제 대화였고, 제4사분면에는 교회 지체와의 교제, 규칙적인 예배였다.

[그림 V-6] The Locus for Focus 모델을 활용한 교사(전체) 신앙 관리 영역 우선순위

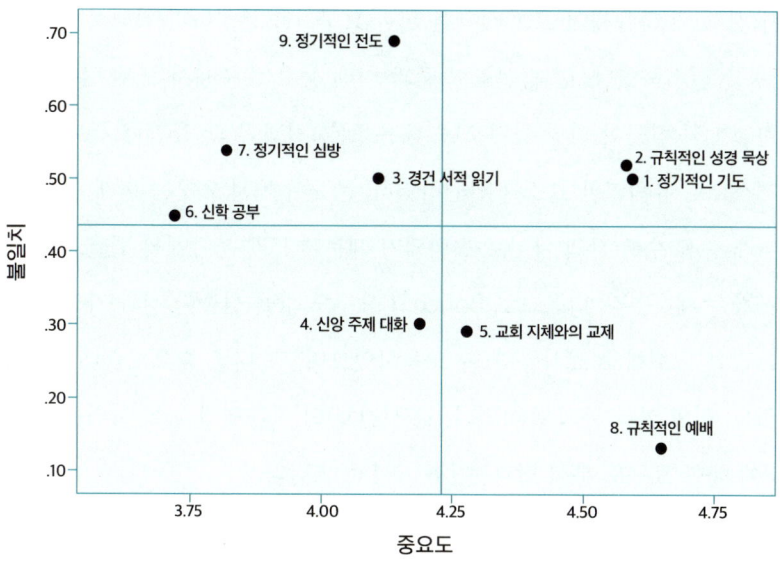

<표 V-12> The Locus for Focus 모델을 활용한 교사(전체) 신앙 관리 영역 우선순위

분면	신앙 관리 영역 우선순위
1사분면 (고고)	정기적인 기도, 규칙적인 성경 묵상
2사분면 (저고)	경건 서적 읽기, 신학 공부, 정기적인 심방, 정기적인 전도
3사분면 (저저)	신앙 주제 대화
4사분면 (고저)	교회 지체와의 교제, 규칙적인 예배

사. 다음세대 교회 사역을 위한 요구도

교사(전체)의 다음세대 교회 사역을 위한 요구도를 분석하기 위해서 대응표본 t검정을 실시하였다. 현재 선호 수준과 미래 중요 수준에서 모두 담임목사의 목회철학의 평균이 가장 높았으며, 대응표본 t검정 결과, 15개 모든 분야에서 통계적으로 유의미한 요소를 확인하였다. 본 연구에서 요구는 현재 선호 수준과 미래 중요 수준 간의 차이로 정의되기 때문에 15개 분야에서 갭gap으로서의 요구가 존재하였다. 다음으로 Borich의 요구도 값을 산출한 결과 가장 높은 요구도 값은 교회학교 교사를 위한 교육이었으며, 그 다음 순으로 전도 활동, 기도 활동, 심방 활동 등의 순이었다. 교사(전체)의 다음세대 교회 사역을 위한 요구도에 대한 요구도 분석 결과는 <표 V-13>과 같다.

<표 V-13> 교사(전체)의 다음세대 교회 사역을 위한 요구도 분석

구분	현재선호도		미래중요도		차이		요구도	순위
	평균	순위	평균	순위	평균	t값		
1. 담임목사의 리더십	4.11	2	4.37	2	.26	7.982***	1.14	14
2. 담임목사의 목회철학	4.25	1	4.45	1	.21	6.565***	0.92	15
3. 교역자의 현장사역 전문성	3.99	3	4.31	3	.31	8.685***	1.36	13
4. 교회학교 교사의 헌신	3.92	4	4.29	4	.36	9.919***	1.55	12
5. 학생의 개인적 요인 (참여, 관심 등)	3.55	7	4.12	6	.57	13.316***	2.34	8
6. 교회학교 신앙양육 프로그램	3.64	5	4.10	7	.46	11.293***	1.90	11
7. 학부모의 관심	3.53	9	4.07	10	.55	12.385***	2.22	9
8. 전도 활동	3.07	15	3.84	14	.77	15.892***	2.94	2
9. 다음세대 재정 지원	3.60	6	4.10	9	.49	11.153***	2.02	10
10. 성도들의 교회교육에 대한 관심	3.53	8	4.10	7	.57	12.684***	2.34	7

11. 총회 및 노회의 지원과 관심	3.30	12	3.92	12	.62	13.954***	2.42	5
12. 총회 산하 교육기관의 지원 (총회교육원, SFC 등)	3.30	11	3.92	12	.61	13.971***	2.40	6
13. 심방 활동	3.09	14	3.80	15	.71	14.644***	2.71	4
14. 교회학교 교사를 위한 교육	3.18	13	3.96	11	.78	16.389***	3.11	1
15. 기도 활동	3.44	10	4.15	5	.71	15.041***	2.93	3

***$p<.001$

다음으로 교사(전체)의 다음세대 교회 사역을 위한 요구를 The Locus for Focus 모델을 활용하여 우선순위를 분석한 결과는 [그림 V-7]과 <표 V-14>와 같다. 교사(전체)들이 인식하고 있는 미래 중요 수준 평균은 4.10이며, 불일치 수준(미래 중요 수준-현재 선호 수준)의 평균은 0.53으로 나타났다. 미래 중요 수준의 평균을 x축으로, 불일치 수준의 평균을 y축으로 하여 사사분면으로 나타냈을 때, 제1사분면의 영역에 속하는 요구들은 교사(전체)들이 중요하게 생각하고 미래 중요 수준과 현재 선호 수준 간의 불일치 수준이 높은 것들로 최우선적으로 요구되는 요구들이다.

분석 결과, 제1사분면에 포함되는 요구는 학생의 개인적 요인(참여, 관심 등), 성도들의 교회교육에 대한 관심, 기도 활동이었고, 제2사분면은 학부모의 관심, 전도 활동, 총회 및 노회의 지원과 관심, 총회 산하 교육기관의 지원(총회교육원, SFC 등), 심방 활동, 교회학교 교사를 위한 교육이었으며, 제3사분면은 해당 사항이 없었고, 제4사분면은 담임목사의 리더십, 담임목사의 목회철학, 교역자의 현장사역 전문성, 교회학교 교사의 헌신, 교회학교 신앙양육 프로그램, 다음세대 재정 지원이었다.

[그림 Ⅴ-7] The Locus for Focus 모델을 활용한
교사(전체)의 다음세대 교회 사역을 위한 우선순위

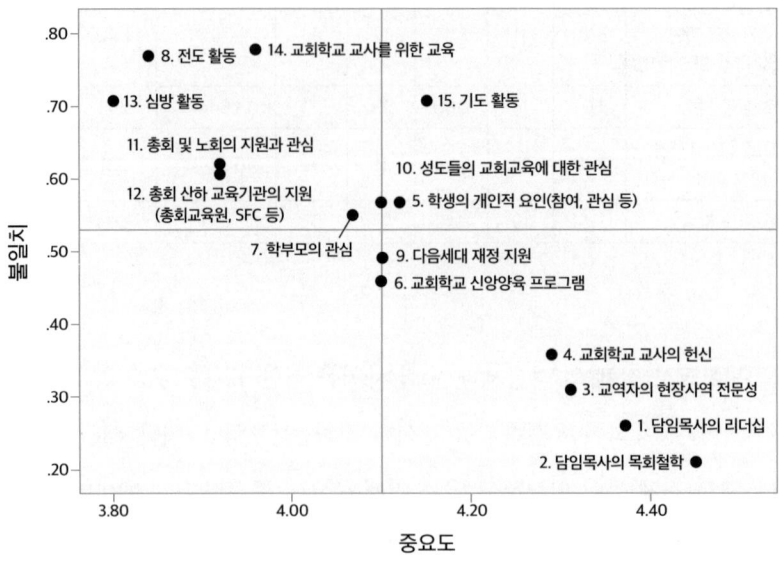

<표 Ⅴ-14> The Locus for Focus 모델을 활용한
교사(전체)의 다음세대 교회 사역을 위한 우선순위

분면	교사(전체)의 다음세대 교회 사역을 위한 우선순위
1사분면 (고고)	학생의 개인적 요인(참여, 관심 등), 성도들의 교회교육에 대한 관심, 기도 활동
2사분면 (저고)	학부모의 관심, 전도 활동, 총회 및 노회의 지원과 관심, 총회 산하 교육기관의 지원(총회교육원, SFC 등), 심방 활동, 교회학교 교사를 위한 교육
3사분면 (저저)	-
4사분면 (고저)	담임목사의 리더십, 담임목사의 목회철학, 교역자의 현장사역 전문성, 교회학교 교사의 헌신, 교회학교 신앙양육 프로그램, 다음세대 재정 지원

아. 교사(전체)로서 섬김의 어려움 원인

교사(전체)로서 교회사역과 섬김에 있어 어려움이 있다면 무엇인가와 관련하여 '① 사역자로서의 열정 부족 ② 사역자로서의 전문성 부족(성경교수방법, 학생발달이해, 목회상담 등) ③ 개인적인 시간부족(과중한 교회사역) ④ 성도(학생)들과의 공감대 및 관계형성의 어려움 ⑤ 교사(전체)와의 관계형성의 어려움 ⑥ 교육기관 교사와의 관계형성의 어려움 ⑦ 교회의 지원부족(재정 및 훈련지원등) ⑧ 개인적인 신체(건강)관리'의 내용을 중심으로 우선순위를 확인해보았다. 교사(전체)들은 '개인적인 시간부족(과중한 교회사역), 사역자로서의 전문성 부족(성경교수방법, 학생발달이해, 목회상담 등)'에 있어 가장 많은 어려움을 느끼고 있는 것으로 나타났다. 교사(전체)로서 섬김의 어려움 원인은 <표 V-15>와 같다.

<표 V-15> 교사(전체)로서 섬김의 어려움 원인

	1순위		2순위	
	빈도	%	빈도	%
사역자로서의 열정 부족	98	19.5	78	15.5
사역자로서의 전문성 부족 (성경교수방법, 학생발달이해, 목회상담 등)	110	21.9	120	23.9
개인적인 시간부족(과중한 교회사역)	171	34.1	126	25.1
성도들과의 공감대 및 관계형성의 어려움	44	8.8	63	12.5
부교역자와의 관계형성의 어려움	17	3.4	18	3.6
교육기관 교사와의 관계형성의 어려움	28	5.6	54	10.8
교회의 지원부족(재정 및 훈련지원등)	34	6.8	43	8.6

자. 포스트코로나 이후 예상되는 한국교회 변화

교사(전체)가 생각하는 포스트코로나 이후 예상되는 한국교회 변화에 대한 생각과 관련하여 '① 교회 출석 교인 수의 감소 ② 소형교회의 어려움 ③ 주일학교 학생 감소의 가속화 ④ 코로나 이전보다 공동체성의 약화 ⑤ 온라인예배/콘텐츠의 강화 ⑥ 교회내 모임, 공동식의 축소 ⑦ 현장예배 강화 ⑧ 온라인 교회 생성 ⑨ 국내외 선교/봉사사업 축소'의 내용을 중심으로 우선순위를 확인해보았다. 교사(전체)들은 포스트코로나 이후 예상되는 한국교회 변화로 '코로나 이전보다 공동체성의 약화, 주일학교 학생 감소의 가속화, 교회 출석 교인 수의 감소'에 가장 많이 응답하였다. 교사(전체)가 생각하는 포스트코로나 이후 예상되는 한국교회 변화는 <표 V-16>과 같다.

<표 V-16> 포스트코로나 이후 예상되는 한국교회 변화(교사(전체))

	1순위		2순위	
	빈도	%	빈도	%
교회 출석 교인 수의 감소	122	24.3	78	15.5
소형교회의 어려움	31	6.2	42	8.4
주일학교 학생 감소의 가속화	115	22.9	105	20.9
코로나 이전보다 공동체성의 약화	124	24.7	98	19.5
온라인예배/콘텐츠의 강화	38	7.6	41	8.2
교회내 모임, 공동식의 축소	21	4.2	81	16.1
현장예배 강화	30	6.0	17	3.4
온라인 교회 생성	10	2.0	16	3.2
국내외 선교/봉사사업 축소	6	1.2	13	2.6

차. 포스트코로나 이후 한국교회의 가장 큰 위협 요소

교사(전체)가 생각하는 포스트코로나 이후 한국교회의 가장 큰 위협 요소는 무엇인가와 관련하여 '① 사회적 신뢰도 하락(부정적 이미지) ② 저출산 ③ 이념화/정치활동 ④ 개신교에 대한 언론의 편향성 ⑤ 나홀로 문화확산 ⑥ 유튜브 SNS 등의 소셜 미디어 발달 ⑦ 레저문화/활동 등의 확산 ⑧ 고령화'의 내용을 중심으로 우선순위를 확인해보았다. 교사(전체)들은 포스트코로나 이후 한국교회의 가장 큰 위협 요소로 '사회적 신뢰도 하락(부정적 이미지), 나홀로 문화확산, 유튜브 SNS 등의 소셜 미디어 발달'에 가장 많이 응답하였다. 교사(전체)가 생각하는 포스트코로나 이후 한국교회의 가장 큰 위협 요소는 <표 V-17>과 같다.

<표 V-17> 포스트코로나 이후 한국교회의 가장 큰 위협 요소(교사(전체))

	1순위		2순위	
	빈도	%	빈도	%
사회적 신뢰도 하락(부정적 이미지)	169	33.7	81	16.1
저출산	66	13.1	64	12.7
이념화/정치활동	22	4.4	48	9.6
개신교에 대한 언론의 편향성	27	5.4	52	10.4
나홀로 문화확산	105	20.9	91	18.1
유튜브 SNS 등의 소셜 미디어 발달	80	15.9	82	16.3
레저문화/활동 등의 확산	20	4.0	53	10.6
고령화	13	2.6	31	6.2

2. 중고등부 교사

가. 신체적(육체적) 관리 영역에 대한 요구도

중고등부 교사의 신체적(육체적) 관리 영역에 대한 요구도를 분석하기 위해서 대응표본 t검정을 실시하였다. 현재 선호 수준과 미래 중요 수준에서 모두 금주와 금연을 통한 건강관리의 평균이 가장 높았으며, 대응표본 t검정 결과, 10개 분야 중 9개 분야에서 통계적으로 유의미한 차이를 보였다. 본 연구에서 요구는 현재 선호 수준과 미래 중요 수준 간의 차이로 정의되기 때문에 9개 분야 분야에서 갭gap으로서의 요구가 존재하였다. 다음으로 Borich의 요구도 값을 산출한 결과 가장 높은 요구도 값은 정기적으로 의사 등 전문가를 만나 지병 관리였으며, 그 다음 순으로 유산소운동을 일주일에 3회 이상 신체 관리, 스마트폰이나 컴퓨터, TV 등 전자기기 절제, 식사 시 영양소를 고려한 음식 관리 등의 순이었다. 중고등부 교사의 신체적(육체적) 관리 영역에 대한 요구도 분석 결과는 <표 V-18>과 같다.

<표 V-18> 중고등부 교사의 신체적(육체적) 관리 영역에 대한 요구도 분석

구분	현재선호도		미래중요도		차이		요구도	순위
	평균	순위	평균	순위	평균	t값		
1. 일상생활에서 틈틈이 맨손체조나 스트레칭을 통한 건강 관리	3.89	3	4.27	4	.38	5.113***	1.63	8
2. 일정한 시간에 잠들고, 일정한 시간에 깨어 일어남을 통한 수면 관리	3.92	2	4.36	2	.44	6.683***	1.90	7
3. 정기적으로 의사 등 전문가를 만나 지병 관리	3.28	10	4.05	10	.77	10.657***	3.13	1

4. 식사 시 적당량을 통한 음식 관리	3.65	6	4.22	6	.57	7.058***	2.42	6
5. 식사 시 영양소를 고려한 음식 관리	3.44	8	4.15	8	.70	8.684***	2.91	4
6. 늦은 밤 자기 전에 야식 절제	3.67	5	4.30	3	.63	7.563***	2.69	5
7. 스마트폰이나 컴퓨터, TV 등 전자기기 절제	3.34	9	4.08	9	.73	9.133***	2.99	3
8. 유산소운동을 일주일에 3회 이상 신체 관리	3.49	7	4.21	7	.72	7.683***	3.02	2
9. 몸이 아프거나 이상이 생길 것 같은 느낌이 있을 때 적절한 조치	3.88	4	4.26	5	.38	5.282***	1.63	9
10. 금주와 금연을 통한 건강관리	4.53	1	4.55	1	.02	.292	0.10	10

***$p<.001$

다음으로 중고등부 교사의 신체적(육체적) 관리 영역을 The Locus for Focus 모델을 활용하여 우선순위를 분석한 결과는 [그림 Ⅴ-8]과 <표 Ⅴ-19>와 같다. 중고등부 교사들이 인식하고 있는 신체적(육체적) 관리 영역의 미래 중요 수준 평균은 4.24이며, 불일치 수준(미래 중요 수준-현재 선호 수준)의 평균은 0.53으로 나타났다. 미래 중요 수준의 평균을 x축으로, 불일치 수준의 평균을 y축으로 하여 사사분면으로 나타냈을 때, 제1사분면의 영역에 속하는 신체적(육체적) 관리 영역들은 중고등부 교사들이 중요하게 생각하고 미래 중요 수준과 현재 선호 수준 간의 불일치 수준이 높은 것들로 최우선적으로 요구되는 신체적(육체적) 관리 영역들이다.

분석 결과, 제1사분면에 포함되는 신체적(육체적) 관리 영역은 늦은 밤 자기 전에 야식 절제였고, 제2사분면은 정기적으로 의사 등 전문가를 만나 지병 관리, 식사 시 적당량을 통한 음식 관리, 식사 시 영양소를 고려한 음식 관리, 스마트폰이나 컴퓨터, TV 등 전자기기 절제, 유산소운동을 일주일에 3회 이상 신체 관리였으며, 제3사분면은 해당 사항이 없었고, 제4사분면은 일상생활에서 틈틈이 맨손체조나 스트레칭을 통한 건강관리, 일정한 시간에 잠들고, 일정한 시간에 깨어 일어남을 통한 수면 관리, 몸이 아프거나 이상이 생길 것 같은 느낌이 있을 때 적절한 조치, 금주와 금연을 통한 건강관리였다.

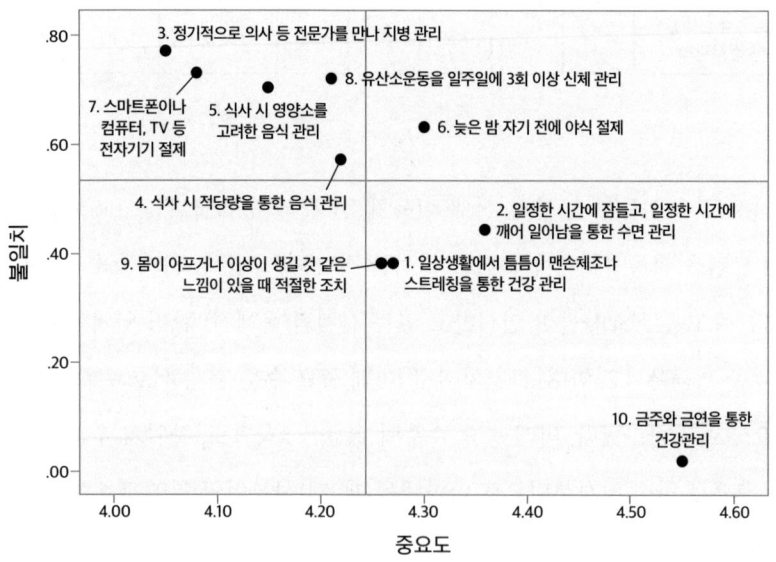

[그림 Ⅴ-8] The Locus for Focus모델을 활용한
중고등부 교사의 신체적(육체적) 관리 영역 우선순위

<표 Ⅴ-19> The Locus for Focus 모델을 활용한
중고등부 교사의 신체적(육체적) 관리 영역 우선순위

분면	신체적(육체적) 관리 영역 우선순위
1사분면 (고고)	늦은 밤 자기 전에 야식 절제
2사분면 (저고)	정기적으로 의사 등 전문가를 만나 지병 관리, 식사 시 적당량을 통한 음식 관리, 식사 시 영양소를 고려한 음식 관리, 스마트폰이나 컴퓨터, TV 등 전자기기 절제, 유산소운동을 일주일에 3회 이상 신체 관리
3사분면 (저저)	-
4사분면 (고저)	일상생활에서 틈틈이 맨손체조나 스트레칭을 통한 건강관리, 일정한 시간에 잠들고, 일정한 시간에 깨어 일어남을 통한 수면 관리, 몸이 아프거나 이상이 생길 것 같은 느낌이 있을 때 적절한 조치, 금주와 금연을 통한 건강관리

나. 지성 및 교양 관리 영역에 대한 요구도

중고등부 교사의 지성 및 교양 관리 영역에 대한 요구도를 분석하기 위해서 대응표본 t검정을 실시하였다. 현재 선호 수준과 미래 중요 수준에서 모두 규칙적인 독서 활동의 평균이 가장 높았으며, 대응표본 t검정 결과, 9개 분야 중 8개 분야에서 통계적으로 유의미한 차이를 보였다. 본 연구에서 요구는 현재 선호 수준과 미래 중요 수준 간의 차이로 정의되기 때문에 8개 분야에서 갭 gap으로서의 요구가 존재하였다. 다음으로 Borich의 요구도 값을 산출한 결과 가장 높은 요구도 값은 규칙적인 독서 활동이었으며, 그 다음 순으로 동료들과의 정례적인 사역 관련 스터디 활동, 기관 및 단체의 교육세미나 참여 활동, 온라인(동영상) 교육 참여 활동 등의 순이었다. 중고등부 교사의 지성 및 교양 관리에 대한 요구도 분석 결과는 <표 Ⅴ-20>과 같다.

<표 V-20> 중고등부 교사의 지성 및 교양 관리에 대한 요구도 분석

구분	현재선호도		미래중요도		차이		요구도	순위
	평균	순위	평균	순위	평균	t값		
1. 사역 전문성 강화를 위한 학위과정 (석사 및 박사) 등록	3.11	7	3.25	8	.15	2.113*	0.47	8
2. 동료들과의 정례적인 사역 관련 스터디 활동	3.48	4	3.84	2	.36	5.438***	1.38	2
3. 기관 및 단체의 교육세미나 참여 활동	3.45	5	3.72	4	.27	4.760***	0.99	3
4. 규칙적인 독서 활동	3.60	1	3.95	1	.36	5.940***	1.42	1
5. 정기적인 뉴스 검색 활동	3.53	2	3.63	5	.11	1.685	0.39	9
6. 온라인(동영상) 교육 참여 활동	3.30	6	3.56	6	.27	4.178***	0.95	4
7. 일반 사회 교육기관 (평생교육원 등) 참여 활동	3.07	8	3.34	7	.27	4.551***	0.92	5
8. 자기 계발을 위한 해외 연수 활동	3.05	9	3.22	9	.18	2.682**	0.57	7
9. 멘토를 통한 학습활동	3.49	3	3.73	3	.24	4.903***	0.88	6

*$p<.05$, **$p<.01$, ***$p<.001$

다음으로 중고등부 교사의 지성 및 교양 관리 영역을 The Locus for Focus 모델을 활용하여 우선순위를 분석한 결과는 [그림 V-9]와 <표 V-21>과 같다. 중고등부 교사들이 인식하고 있는 지성 및 교양 관리 영역의 미래 중요 수준 평균은 3.58이며, 불일치 수준(미래 중요 수준-현재 선호 수준)의 평균은 0.24로 나타났다. 미래 중요 수준의 평균을 x축으로, 불일치 수준의 평균을 y축으로 하여 사사분면으로 나타냈을 때, 제1사분면의 영역에 속하는 지성 및 교양 관리 영역들은 중고등부 교사들이 중요하게 생각하고 미래 중요 수준과 현재 선호 수준 간의 불일치 수준이 높은 것들로 최우선적으로 요구되는 지성 및 교양 관리 영역들이다.

분석 결과, 제1사분면에 포함되는 지성 및 교양 관리 영역은 동료들과의 정례적인 사역 관련 스터디 활동, 기관 및 단체의 교육세미나 참여 활동, 규칙적인 독서 활동이었고, 제2사분면은 온라인(동영상) 교육 참여 활동, 일반 사회 교육기관(평생교육원 등) 참여 활동이었으며, 제3사분면은 사역 전문성 강화를 위한 학위과정(석사 및 박사) 등록, 자기 계발을 위한 해외 연수 활동이었고, 제4사분면은 정기적인 뉴스 검색 활동, 멘토를 통한 학습활동이었다.

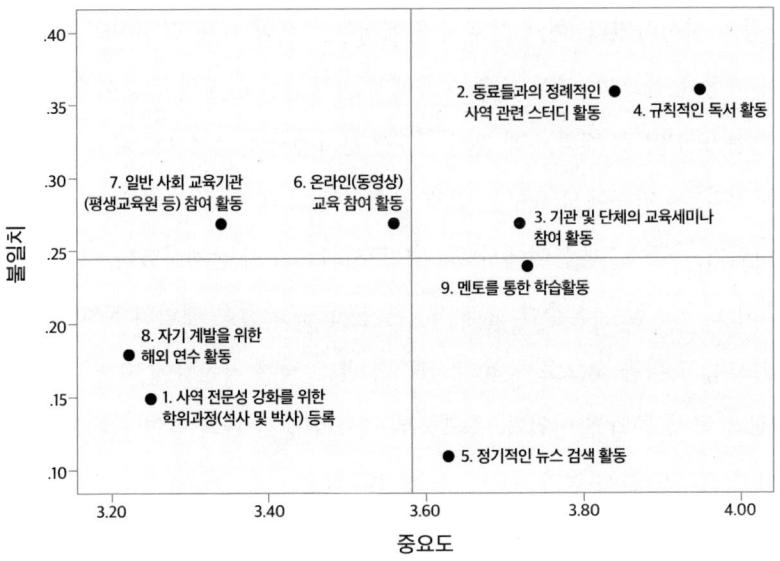

[그림 Ⅴ-9] The Locus for Focus모델을 활용한
중고등부 교사 지성 및 교양 관리 영역 우선순위

<표 V-21> The Locus for Focus 모델을 활용한
중고등부 교사 지성 및 교양 관리 영역 우선순위

분면	지성 및 교양 관리 영역 우선순위
1사분면 (고고)	동료들과의 정례적인 사역 관련 스터디 활동, 기관 및 단체의 교육세미나 참여 활동, 규칙적인 독서 활동
2사분면 (저고)	온라인(동영상) 교육 참여 활동, 일반 사회 교육기관(평생교육원 등) 참여 활동
3사분면 (저저)	사역 전문성 강화를 위한 학위과정(석사 및 박사) 등록, 자기 계발을 위한 해외 연수 활동
4사분면 (고저)	정기적인 뉴스 검색 활동, 멘토를 통한 학습활동

다. 정서 관리 영역에 대한 요구도

중고등부 교사의 정서 관리 영역에 대한 요구도를 분석하기 위해서 대응표본 t검정을 실시하였다. 현재 선호 수준에서는 자신에 대한 긍정적인 인식의 평균이 가장 높았으며, 미래 중요 수준에서는 평정심 유지의 평균이 가장 높았다. 대응표본 t검정 결과, 9개 분야 중 7개 분야에서 통계적으로 유의미한 차이를 보였다. 본 연구에서 요구는 현재 선호 수준과 미래 중요 수준 간의 차이로 정의되기 때문에 7개 분야에서 갭gap으로서의 요구가 존재하였다. 다음으로 Borich의 요구도 값을 산출한 결과 가장 높은 요구도 값은 개인의 문제해결력 관리였으며, 그 다음 순으로 사역 내 집중력 관리, 낮은 자존감에 따른 자기 비하, 외로움 극복 등의 순이었다. 중고등부 교사의 정서 관리 영역에 대한 요구도에 대한 요구도 분석 결과는 <표 V-22>과 같다.

<표 V-22> 중고등부 교사의 정서 관리 영역에 대한 요구도 분석

구분	현재선호도		미래중요도		차이		요구도	순위
	평균	순위	평균	순위	평균	t값		
1. 개인의 분노 조절 및 관리	4.22	3	4.31	5	.08	1.731	0.36	8
2. 일상생활 중 자신감 회복	4.22	3	4.31	5	.08	1.824	0.36	8
3. 개인의 불안 및 초조에 대한 조절 및 관리	4.20	5	4.31	4	.11	2.384*	0.49	6
4. 사역 내 집중력 관리	4.09	6	4.31	5	.21	4.303***	0.92	2
5. 개인의 문제해결력 관리	4.08	7	4.33	3	.24	5.159***	1.06	1
6. 평정심 유지	4.24	2	4.38	1	.15	2.912**	0.64	5
7. 외로움 극복	4.06	8	4.24	8	.18	3.274**	0.74	4
8. 낮은 자존감에 따른 자기 비하	3.78	9	4.01	9	.23	3.954***	0.92	3
9. 자신에 대한 긍정적인 인식	4.27	1	4.37	2	.11	2.139*	0.47	7

*p<.05, **p<.01, ***p<.001

다음으로 중고등부 교사의 정서 관리 영역을 The Locus for Focus 모델을 활용하여 우선순위를 분석한 결과는 [그림 V-10]과 <표 V-23>과 같다. 중고등부 교사들이 인식하고 있는 정서 관리 영역의 미래 중요 수준 평균은 4.28이며, 불일치 수준(미래 중요 수준-현재 선호 수준)의 평균은 0.16으로 나타났다. 미래 중요 수준의 평균을 x축으로, 불일치 수준의 평균을 y축으로 하여 사사분면으로 나타냈을 때, 제1사분면의 영역에 속하는 정서 관리 영역들은 중고등부 교사들이 중요하게 생각하고 미래 중요 수준과 현재 선호 수준 간의 불일치 수준이 높은 것들로 최우선적으로 요구되는 정서 관리 영역들이다.

분석 결과, 제1사분면에 포함되는 정서 관리 영역은 사역 내 집중력 관리, 개인의 문제해결력 관리였고, 제2사분면은 외로움 극복, 낮은 자존감에 따른 자기 비하였으며, 제3사분면은 해당 사항이 없었고, 제4사분면은 개인의 분노 조절 및 관리, 일상생활 중 자신감 회복, 개인의 불안 및 초조에 대한 조절 및 관리, 평정심 유지, 자신에 대한 긍정적인 인식이었다.

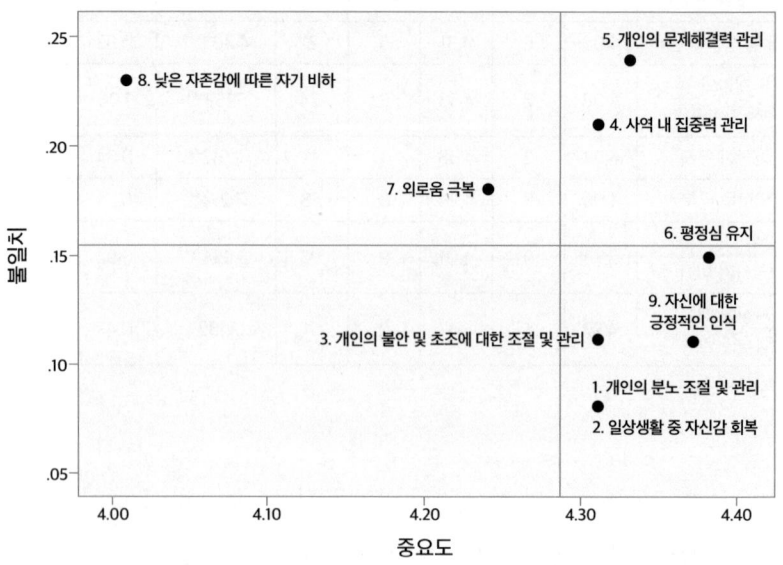

[그림 Ⅴ-10] The Locus for Focus모델을 활용한 중고등부 교사 정서 관리 영역 우선순위

<표 V-23> The Locus for Focus 모델을 활용한 중고등부 교사 정서 관리 영역 우선순위

분면	정서 관리 영역 우선순위
1사분면 (고고)	사역 내 집중력 관리, 개인의 문제해결력 관리
2사분면 (저고)	외로움 극복, 낮은 자존감에 따른 자기 비하
3사분면 (저저)	-
4사분면 (고저)	개인의 분노 조절 및 관리, 일상생활 중 자신감 회복, 개인의 불안 및 초조에 대한 조절 및 관리, 평정심 유지, 자신에 대한 긍정적인 인식

라. 사회성 관리 영역에 대한 요구도

중고등부 교사의 사회성 관리 영역에 대한 요구도를 분석하기 위해서 대응표본 t검정을 실시하였다. 현재 선호 수준과 미래 중요 수준에서 모두 공동체 소속감의 평균이 가장 높았으며, 대응표본 t검정 결과, 9개 분야에서 모두 통계적으로 유의미한 차이를 보였다. 본 연구에서 요구는 현재 선호 수준과 미래 중요 수준 간의 차이로 정의되기 때문에 모든 분야에서 갭gap으로서의 요구가 존재하였다. 다음으로 Borich의 요구도 값을 산출한 결과 가장 높은 요구도 값은 적극적으로 사회적 모임 참여였으며, 그 다음 순으로 혼자 집에 있는 것보다 사회활동이 주는 즐거움, 사회활동을 통해 사람들과의 교제, 공동체를 통한 안정감 등의 순이었다. 중고등부 교사의 사회성 관리 영역에 대한 요구도에 대한 요구도 분석 결과는 <표 V-24>와 같다.

<표 V-24> 중고등부 교사의 사회성 관리 영역에 대한 요구도 분석

구분	현재선호도		미래중요도		차이		요구도	순위
	평균	순위	평균	순위	평균	t값		
1. 사회활동을 통해 사람들과의 교제	3.82	6	4.08	4	.26	4.645***	1.06	3
2. 사회활동이 주는 삶의 활력	3.82	6	4.05	7	.23	3.886***	0.93	5
3. 혼자 집에 있는 것보다 사회활동이 주는 즐거움	3.62	8	3.92	9	.31	5.335***	1.20	2
4. 공동체 소속감	3.99	1	4.18	1	.19	3.060**	0.80	7
5. 공동체를 통한 안정감	3.86	4	4.09	3	.23	3.543**	0.94	4
6. 개인의 삶을 통한 사회 기여	3.95	2	4.08	4	.13	2.137*	0.53	9
7. 공동체 내 개인적 가치와 의미	3.95	3	4.11	2	.16	2.857**	0.66	8
8. 적극적으로 사회적 모임 참여	3.61	9	3.97	8	.36	6.748***	1.42	1
9. 사회적 모임 참여에 따른 감사한 마음	3.86	4	4.08	4	.22	4.062***	0.90	6

*$p<.05$, **$p<.01$, ***$p<.001$

다음으로 중고등부 교사의 사회성 관리 영역을 The Locus for Focus 모델을 활용하여 우선순위를 분석한 결과는 [그림 V-11]과 <표 V-25>와 같다. 중고등부 교사들이 인식하고 있는 사회성 관리 영역의 미래 중요 수준 평균은 4.05이며, 불일치 수준(미래 중요 수준-현재 선호 수준)의 평균은 0.24로 나타났다. 미래 중요 수준의 평균을 x축으로, 불일치 수준의 평균을 y축으로 하여 사사분면으로 나타냈을 때, 제1사분면의 영역에 속하는 사회성 관리 영역들은 중고등부 교사들이 중요하게 생각하고 미래 중요 수준과 현재 선호 수준 간의 불일치 수준이 높은 것들로 최우선적으로 요구되는 사회성 관리 영역들이다.

분석 결과, 제1사분면에 포함되는 사회성 관리 영역은 없었고, 제2사분면에는 사회활동을 통해 사람들과의 교제, 혼자 집에 있는 것보다 사회활동이 주는 즐거움, 적극적으로 사회적 모임 참여였으며, 제3사분면에는 사회활동이 주는 삶의 활력이었고, 제4사분면에는 공동체 소속감, 공동체를 통한 안정감, 개인의 삶을 통한 사회 기여, 공동체 내 개인적 가치와 의미, 사회적 모임 참여에 따른 감사한 마음이었다.

[그림 V-11] The Locus for Focus모델을 활용한 중고등부 교사 사회성 관리 영역 우선순위

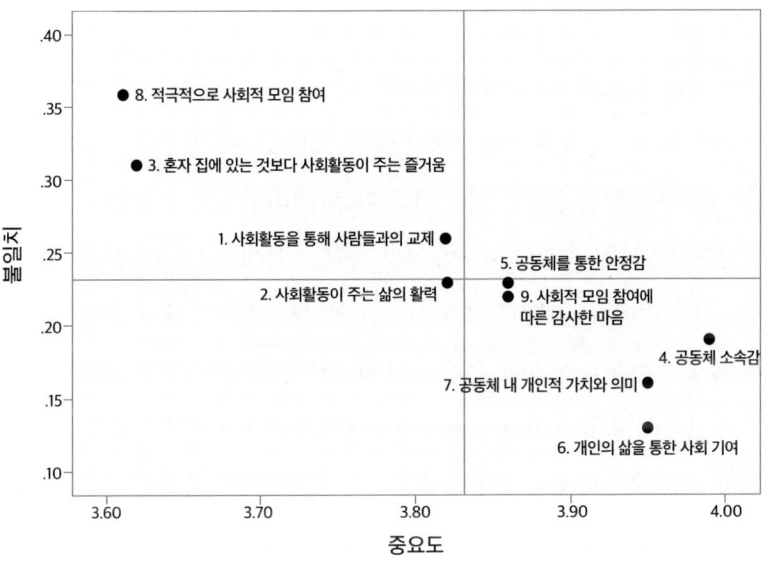

<표 V-25> The Locus for Focus 모델을 활용한 중고등부 교사 사회성 관리 영역 우선순위

분면	사회성 관리 영역 우선순위
1사분면 (고고)	-
2사분면 (저고)	사회활동을 통해 사람들과의 교제, 혼자 집에 있는 것보다 사회활동이 주는 즐거움, 적극적으로 사회적 모임 참여
3사분면 (저저)	사회활동이 주는 삶의 활력
4사분면 (고저)	공동체 소속감, 공동체를 통한 안정감, 개인의 삶을 통한 사회 기여, 공동체 내 개인적 가치와 의미, 사회적 모임 참여에 따른 감사한 마음

마. 윤리(도덕)성 관리 영역에 대한 요구도

중고등부 교사의 윤리(도덕)성 관리 영역에 대한 요구도를 분석하기 위해서 대응표본 t검정을 실시하였다. 현재 선호 수준과 미래 중요 수준에서 모두 인격체로서 타인에 대한 존중의 평균이 가장 높았으며, 대응표본 t검정 결과, 8개 분야 중 6개 분야에서 통계적으로 유의미한 차이를 보였다. 본 연구에서 요구는 현재 선호 수준과 미래 중요 수준 간의 차이로 정의되기 때문에 6개 분야에서 갭gap으로서의 요구가 존재하였다. 다음으로 Borich의 요구도 값을 산출한 결과 가장 높은 요구도 값은 전문성에 근거한 사역 수행이었으며, 그 다음 순으로 타인의 안위를 위한 정확한 의견 제시, 윤리적으로 최선의 것을 선택하기 위한 토론, 윤리성에 대한 개인적 성찰 등의 순이었다. 중고등부 교사의 윤리(도덕)성 관리 영역에 대한 요구도에 대한 요구도 분석 결과는 <표 V-26>과 같다.

<표 Ⅴ-26> 중고등부 교사의 윤리(도덕)성 관리 영역에 대한 요구도 분석

구분	현재선호도		미래중요도		차이		요구도	순위
	평균	순위	평균	순위	평균	t값		
1. 인격체로서 타인에 대한 존중	4.40	1	4.47	1	.06	1.420	0.27	8
2. 일상생활 내 타인에 대한 정직	4.36	2	4.44	2	.08	1.678	0.34	7
3. 타인의 안위를 위한 정확한 의견 제시	4.01	7	4.21	6	.21	4.081***	0.87	2
4. 윤리적으로 최선의 것을 선택하기 위한 토론	4.02	6	4.21	6	.20	3.563**	0.84	3
5. 윤리성에 대한 개인적 성찰	4.18	3	4.37	3	.19	3.832***	0.83	4
6. 타인이 느끼는 감정에 대한 공감	4.17	4	4.31	4	.15	3.061**	0.63	6
7. 고통당하는 타인에 대한 연민	4.10	5	4.25	5	.15	3.370**	0.65	5
8. 전문성에 근거한 사역 수행	3.94	8	4.21	6	.27	4.551***	1.16	1

**p<.01, ***p<.001

다음으로 중고등부 교사의 윤리(도덕)성 관리 영역을 The Locus for Focus 모델을 활용하여 우선순위를 분석한 결과는 [그림 Ⅴ-12]와 <표 Ⅴ-27>과 같다. 중고등부 교사들이 인식하고 있는 윤리(도덕)성 관리 영역의 미래 중요 수준 평균은 4.31이며, 불일치 수준(미래 중요 수준-현재 선호 수준)의 평균은 0.16으로 나타났다. 미래 중요 수준의 평균을 x축으로, 불일치 수준의 평균을 y축으로 하여 사사분면으로 나타냈을 때, 제1사분면의 영역에 속하는 윤리(도덕)성 관리 영역들은 중고등부 교사들이 중요하게 생각하고 미래 중요 수준과 현재 선호 수준 간의 불일치 수준이 높은 것들로 최우선적으로 요구되는 윤리

(도덕)성 관리 영역들이다.

분석 결과, 제1사분면에 포함되는 윤리(도덕)성 관리 영역은 윤리성에 대한 개인적 성찰이었고, 제2사분면은 타인의 안위를 위한 정확한 의견 제시, 윤리적으로 최선의 것을 선택하기 위한 토론, 전문성에 근거한 사역 수행이었으며, 제3사분면은 고통당하는 타인에 대한 연민이었고, 제4사분면은 인격체로서 타인에 대한 존중, 일상생활 내 타인에 대한 정직, 타인이 느끼는 감정에 대한 공감이었다.

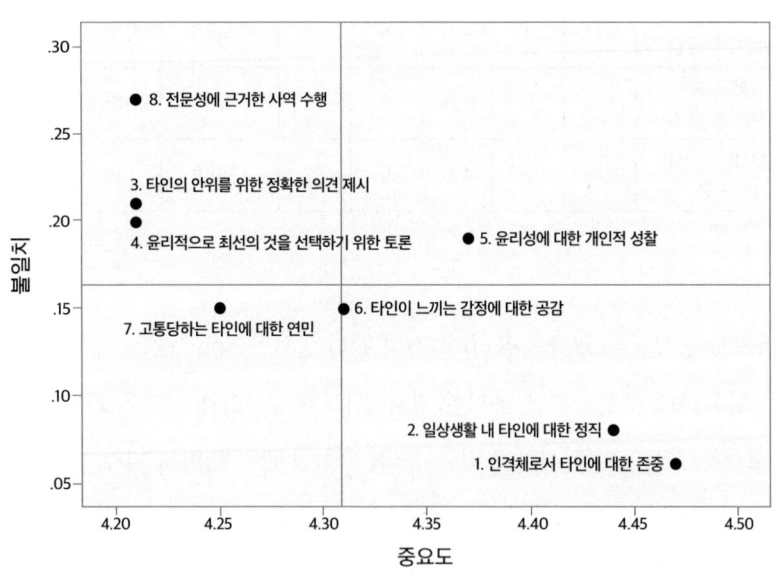

[그림 Ⅴ-12] The Locus for Focus모델을 활용한 중고등부 교사 윤리(도덕)성 관리 영역 우선순위

<표 Ⅴ-27> The Locus for Focus 모델을 활용한
중고등부 교사 윤리(도덕)성 관리 영역 우선순위

분면	윤리(도덕)성 관리 영역 우선순위
1사분면 (고고)	윤리성에 대한 개인적 성찰
2사분면 (저고)	타인의 안위를 위한 정확한 의견 제시, 윤리적으로 최선의 것을 선택하기 위한 토론, 전문성에 근거한 사역 수행
3사분면 (저저)	고통당하는 타인에 대한 연민
4사분면 (고저)	인격체로서 타인에 대한 존중, 일상생활 내 타인에 대한 정직, 타인이 느끼는 감정에 대한 공감

바. 신앙 관리 영역에 대한 요구도

중고등부 교사의 신앙 관리 영역에 대한 요구도를 분석하기 위해서 대응표본 t검정을 실시하였다. 현재 선호 수준과 미래 중요 수준에서 모두 규칙적인 예배의 평균이 가장 높았으며, 대응표본 t검정 결과, 9개 분야에서 모두 통계적으로 유의미한 차이를 보였다. 본 연구에서 요구는 현재 선호 수준과 미래 중요 수준 간의 차이로 정의되기 때문에 모든 분야에서 갭gap으로서의 요구가 존재하였다. 다음으로 Borich의 요구도 값을 산출한 결과 가장 높은 요구도 값은 정기적인 전도였으며, 그 다음 순으로 규칙적인 성경 묵상, 정기적인 기도, 경건 서적 읽기 등의 순이었다. 중고등부 교사의 신앙 관리 영역에 대한 요구도에 대한 요구도 분석 결과는 <표 Ⅴ-28>과 같다.

<표 V-28> 중고등부 교사의 신앙 관리 영역에 대한 요구도 분석

구분	현재선호도		미래중요도		차이		요구도	순위
	평균	순위	평균	순위	평균	t값		
1. 정기적인 기도	4.08	2	4.60	3	.53	7.560***	2.42	3
2. 규칙적인 성경 묵상	4.07	3	4.63	2	.56	8.798***	2.58	2
3. 경건 서적 읽기	3.53	6	4.08	7	.55	8.547***	2.24	4
4. 신앙 주제 대화	3.92	5	4.25	5	.33	5.582***	1.40	7
5. 교회 지체와의 교제	4.07	3	4.34	4	.27	4.948***	1.16	8
6. 신학 공부	3.21	9	3.73	9	.51	7.826***	1.91	6
7. 정기적인 심방	3.34	8	3.90	8	.56	8.034***	2.20	5
8. 규칙적인 예배	4.57	1	4.74	1	.17	3.981***	0.80	9
9. 정기적인 전도	3.44	7	4.21	6	.76	10.891***	3.21	1

***$p<.001$

다음으로 중고등부 교사의 신앙 관리 영역을 The Locus for Focus 모델을 활용하여 우선순위를 분석한 결과는 [그림 V-13]과 <표 V-29>와 같다. 중고등부 교사들이 인식하고 있는 신앙 관리 영역의 미래 중요 수준 평균은 4.27이며, 불일치 수준(미래 중요 수준-현재 선호 수준)의 평균은 0.47로 나타났다. 미래 중요 수준의 평균을 x축으로, 불일치 수준의 평균을 y축으로 하여 사사분면으로 나타냈을 때, 제1사분면의 영역에 속하는 신앙 관리 영역들은 중고등부 교사들이 중요하게 생각하고 미래 중요 수준과 현재 선호 수준 간의 불일치 수준이 높은 것들로 최우선적으로 요구되는 신앙 관리 영역들이다.

분석 결과, 제1사분면에 포함되는 신앙 관리 영역은 정기적인 기도, 규칙적인 성경 묵상이었고, 제2사분면은 경건 서적 읽기, 신학 공부, 정기적인 심방, 정기적인 전도였으며, 제3사분면은 신앙 주제 대화였고, 제4사분면은 교회 지체와의 교제, 규칙적인 예배였다.

[그림 Ⅴ-13] The Locus for Focus 모델을 활용한 중고등부 교사 신앙 관리 영역 우선순위

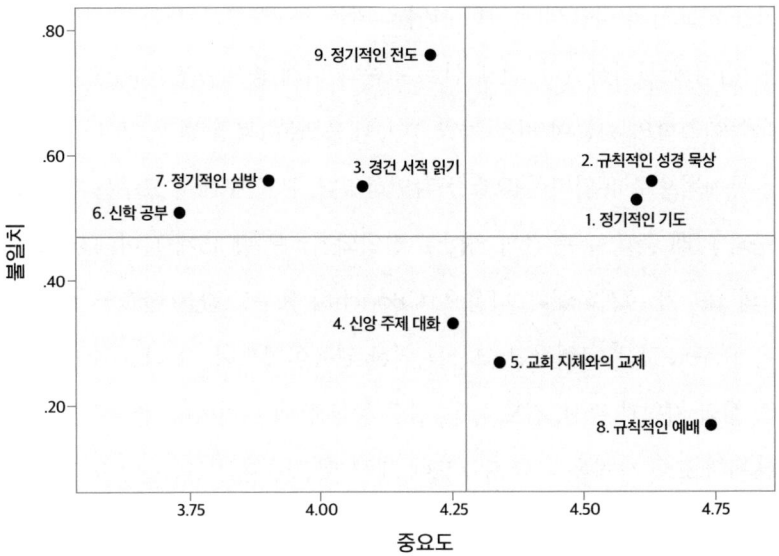

<표 Ⅴ-29> The Locus for Focus 모델을 활용한 중고등부 교사 신앙 관리 영역 우선순위

분면	신앙 관리 영역 우선순위
1사분면 (고고)	정기적인 기도, 규칙적인 성경 묵상
2사분면 (저고)	경건 서적 읽기, 신학 공부, 정기적인 심방, 정기적인 전도
3사분면 (저저)	신앙 주제 대화
4사분면 (고저)	교회 지체와의 교제, 규칙적인 예배

사. 다음세대 교회 사역을 위한 요구도

중고등부 교사의 다음세대 교회 사역을 위한 요구도를 분석하기 위해서 대응표본 t검정을 실시하였다. 현재 선호 수준과 미래 중요 수준에서 모두 담임목사의 목회철학의 평균이 가장 높았으며, 대응표본 t검정 결과, 15개 모든 분야에서 통계적으로 유의미한 요소를 확인하였다. 본 연구에서 요구는 현재 선호 수준과 미래 중요 수준 간의 차이로 정의되기 때문에 15개 분야에서 갭gap으로서의 요구가 존재하였다. 다음으로 Borich의 요구도 값을 산출한 결과 가장 높은 요구도 값은 교회학교 교사를 위한 교육이었으며, 그 다음 순으로 총회 및 노회의 지원과 관심, 전도 활동, 심방 활동 등의 순이었다. 중고등부 교사의 다음세대 교회 사역을 위한 요구도에 대한 요구도 분석 결과는 <표 V-30>과 같다.

<표 V-30> 중고등부 교사의 다음세대 교회 사역을 위한 요구도 분석

구분	현재선호도		미래중요도		차이		요구도	순위
	평균	순위	평균	순위	평균	t값		
1. 담임목사의 리더십	4.02	2	4.37	2	.34	5.537***	1.50	14
2. 담임목사의 목회철학	4.15	1	4.42	1	.27	4.346***	1.21	15
3. 교역자의 현장사역 전문성	3.84	4	4.23	4	.39	4.955***	1.65	13
4. 교회학교 교사의 헌신	3.85	3	4.29	3	.44	5.603***	1.90	12
5. 학생의 개인적 요인 (참여, 관심 등)	3.37	8	4.12	6	.76	7.891***	3.12	8
6. 교회학교 신앙양육 프로그램	3.44	5	4.08	9	.63	6.787***	2.58	11
7. 학부모의 관심	3.36	9	4.02	10	.66	7.684***	2.67	10
8. 전도 활동	2.87	15	3.80	15	.93	9.366***	3.54	3
9. 다음세대 재정 지원	3.44	6	4.09	7	.66	6.869***	2.69	9

10. 성도들의 교회교육에 대한 관심	3.33	10	4.09	7	.76	7.884***	3.12	7
11. 총회 및 노회의 지원과 관심	3.05	12	3.95	13	.91	10.693***	3.59	2
12. 총회 산하 교육기관의 지원 (총회교육원, SFC 등)	3.11	11	3.97	12	.86	9.599***	3.42	5
13. 심방 활동	2.96	14	3.87	14	.91	9.231***	3.52	4
14. 교회학교 교사를 위한 교육	2.98	13	3.98	11	1.01	10.237***	4.02	1
15. 기도 활동	3.41	7	4.22	5	.81	8.558***	3.42	6

***$p<.001$

다음으로 중고등부 교사의 다음세대 교회 사역을 위한 요구를 The Locus for Focus 모델을 활용하여 우선순위를 분석한 결과는 [그림 Ⅴ-14]와 <표 Ⅴ-31>과 같다. 중고등부 교사들이 인식하고 있는 미래 중요 수준 평균은 4.10이며, 불일치 수준(미래 중요 수준-현재 선호 수준)의 평균은 0.69로 나타났다. 미래 중요 수준의 평균을 x축으로, 불일치 수준의 평균을 y축으로 하여 사사분면으로 나타냈을 때, 제1사분면의 영역에 속하는 요구들은 중고등부 교사들이 중요하게 생각하고 미래 중요 수준과 현재 선호 수준 간의 불일치 수준이 높은 것들로 최우선적으로 요구되는 요구들이다.

분석 결과, 제1사분면에 포함되는 요구는 학생의 개인적 요인(참여, 관심 등), 기도 활동이었고, 제2사분면은 전도 활동, 성도들의 교회교육에 대한 관심, 총회 및 노회의 지원과 관심, 총회 산하 교육기관의 지원(총회교육원, SFC 등), 심방 활동, 교회학교 교사를 위한 교육이었으며, 제3사분면은 교회학교 신앙양육 프로그램, 학부모의 관심, 다음세대 재정 지원이었고, 제4사분면은 담임목사의 리더십, 담임목사의 목회철학, 교역자의 현장사역 전문성, 교회학교 교사의 헌신이었다.

[그림 Ⅴ-14] The Locus for Focus모델을 활용한
중고등부 교사의 다음세대 교회 사역을 위한 우선순위

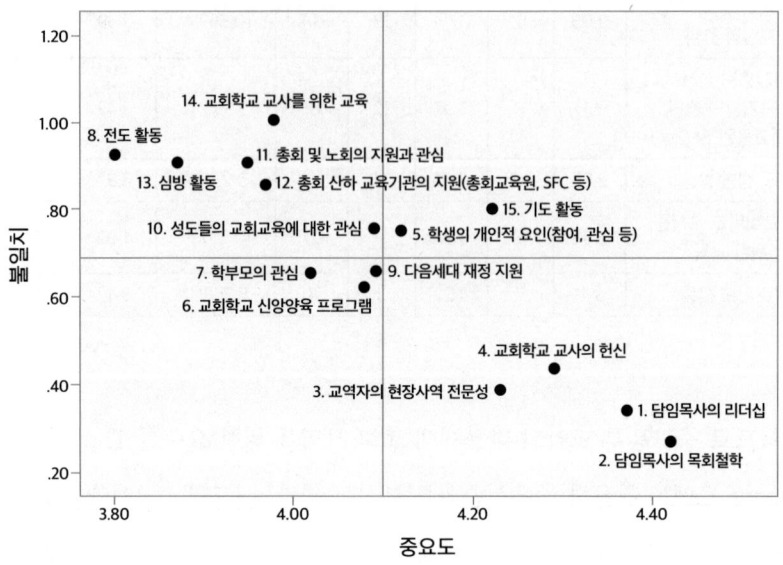

<표 Ⅴ-31> The Locus for Focus 모델을 활용한
중고등부 교사의 다음세대 교회 사역을 위한 우선순위

분면	중고등부 교사의 다음세대 교회 사역을 위한 우선순위
1사분면 (고고)	학생의 개인적 요인(참여, 관심 등), 기도 활동
2사분면 (저고)	전도 활동, 성도들의 교회교육에 대한 관심, 총회 및 노회의 지원과 관심, 총회 산하 교육기관의 지원(총회교육원, SFC 등), 심방 활동, 교회학교 교사를 위한 교육
3사분면 (저저)	교회학교 신앙양육 프로그램, 학부모의 관심, 다음세대 재정 지원
4사분면 (고저)	담임목사의 리더십, 담임목사의 목회철학, 교역자의 현장사역 전문성, 교회학교 교사의 헌신

아. 중고등부 교사로서 섬김의 어려움 원인

중고등부 교사로서 교회사역과 섬김에 있어 어려움이 있다면 무엇인가와 관련하여 '① 사역자로서의 열정 부족 ② 사역자로서의 전문성 부족(성경교수방법, 학생발달이해, 목회상담 등) ③ 개인적인 시간부족(과중한 교회사역) ④ 성도(학생)들과의 공감대 및 관계형성의 어려움 ⑤ 중고등부 교사와의 관계형성의 어려움 ⑥ 교육기관 교사와의 관계형성의 어려움 ⑦ 교회의 지원부족(재정 및 훈련지원등) ⑧ 개인적인 신체(건강)관리'의 내용을 중심으로 우선순위를 확인해보았다. 중고등부 교사들은 '개인적인 시간부족(과중한 교회사역), 사역자로서의 전문성 부족(성경교수방법, 학생발달이해, 목회상담 등)'에 있어 가장 많은 어려움을 느끼고 있는 것으로 나타났다. 중고등부 교사로서 섬김의 어려움 원인은 <표 Ⅴ-32>와 같다.

<표 Ⅴ-32> 중고등부 교사로서 섬김의 어려움 원인(N=131)

	1순위		2순위	
	빈도	%	빈도	%
사역자로서의 열정 부족	28	21.4	22	16.8
사역자로서의 전문성 부족 (성경교수방법, 학생발달이해, 목회상담 등)	31	23.7	34	26.0
개인적인 시간부족(과중한 교회사역)	36	27.5	33	25.2
성도들과의 공감대 및 관계형성의 어려움	17	13.0	13	9.9
부교역자와의 관계형성의 어려움	5	3.8	6	4.6
교육기관 교사와의 관계형성의 어려움	9	6.9	9	6.9
교회의 지원부족(재정 및 훈련지원등)	5	3.8	14	10.7

자. 포스트코로나 이후 예상되는 한국교회 변화

중고등부 교사가 생각하는 포스트코로나 이후 예상되는 한국교회 변화에 대한 생각과 관련하여 '① 교회 출석 교인 수의 감소 ② 소형교회의 어려움 ③ 주일학교 학생 감소의 가속화 ④ 코로나 이전보다 공동체성의 약화 ⑤ 온라인 예배/콘텐츠의 강화 ⑥ 교회내 모임, 공동식의 축소 ⑦ 현장예배 강화 ⑧ 온라인 교회 생성 ⑨ 국내외 선교/봉사사업 축소'의 내용을 중심으로 우선순위를 확인해보았다. 중고등부 교사들은 포스트코로나 이후 예상되는 한국교회 변화로 '코로나 이전보다 공동체성의 약화, 주일학교 학생 감소의 가속화, 교회 출석 교인 수의 감소'에 가장 많이 응답하였다. 중고등부 교사가 생각하는 포스트코로나 이후 예상되는 한국교회 변화는 <표 V-33>과 같다.

<표 V-33> 포스트코로나 이후 예상되는 한국교회 변화(중고등부 교사)

	1순위		2순위	
	빈도	%	빈도	%
교회 출석 교인 수의 감소	31	23.7	8	6.1
소형교회의 어려움	6	4.6	26	19.8
주일학교 학생 감소의 가속화	34	26.0	30	22.9
코로나 이전보다 공동체성의 약화	34	26.0	4	3.1
온라인예배/콘텐츠의 강화	10	7.6	26	19.8
교회내 모임, 공동식의 축소	5	3.8	10	7.6
현장예배 강화	4	3.1	5	3.8
온라인 교회 생성	3	2.3	1	.8
국내외 선교/봉사사업 축소	2	1.5	2	1.5

차. 포스트코로나 이후 한국교회의 가장 큰 위협 요소

중고등부 교사가 생각하는 포스트코로나 이후 한국교회의 가장 큰 위협 요소는 무엇인가와 관련하여 '① 사회적 신뢰도 하락(부정적 이미지) ② 저출산 ③ 이념화/정치활동 ④ 개신교에 대한 언론의 편향성 ⑤ 나홀로 문화확산 ⑥ 유튜브 SNS 등의 소셜 미디어 발달 ⑦ 레저문화/활동 등의 확산 ⑧ 고령화'의 내용을 중심으로 우선순위를 확인해보았다. 중고등부 교사들은 포스트코로나 이후 한국교회의 가장 큰 위협 요소로 '사회적 신뢰도 하락(부정적 이미지), 나홀로 문화확산, 유튜브 SNS 등의 소셜 미디어 발달'에 가장 많이 응답하였다. 중고등부 교사가 생각하는 포스트코로나 이후 한국교회의 가장 큰 위협 요소는 <표 Ⅴ-34>와 같다.

<표 Ⅴ-34> 포스트코로나 이후 한국교회의 가장 큰 위협 요소(중고등부 교사)

	1순위		2순위	
	빈도	%	빈도	%
사회적 신뢰도 하락(부정적 이미지)	49	37.4	19	14.5
저출산	10	7.6	13	9.9
이념화/정치활동	7	5.3	10	7.6
개신교에 대한 언론의 편향성	8	6.1	15	11.5
나홀로 문화확산	28	21.4	28	21.4
유튜브 SNS 등의 소셜 미디어 발달	22	16.8	20	15.3
레저문화/활동 등의 확산	4	3.1	17	13.0
고령화	3	2.3	9	6.9

3. 대학생

가. 신체적(육체적) 관리 영역에 대한 요구도

대학생의 신체적(육체적) 관리 영역에 대한 요구도를 분석하기 위해서 대응표본 t검정을 실시하였다. 현재 선호 수준에서는 금주와 금연을 통한 건강관리의 평균이 가장 높았으며, 미래 중요 수준에서는 일정한 시간에 잠들고, 일정한 시간에 깨어 일어남을 통한 수면 관리의 평균이 가장 높았다. 대응표본 t검정 결과, 10개 분야 중 9개 분야에서 통계적으로 유의미한 차이를 보였다. 본 연구에서 요구는 현재 선호 수준과 미래 중요 수준 간의 차이로 정의되기 때문에 9개 분야 분야에서 갭gap으로서의 요구가 존재하였다. 다음으로 Borich의 요구도 값을 산출한 결과 가장 높은 요구도 값은 스마트폰이나 컴퓨터, TV 등 전자기기 절제였으며, 그 다음 순으로 정기적으로 의사 등 전문가를 만나 지병 관리, 유산소운동을 일주일에 3회 이상 신체 관리, 식사 시 영양소를 고려한 음식 관리 등의 순이었다. 대학생의 신체적(육체적) 관리 영역에 대한 요구도 분석 결과는 <표 V-35>와 같다.

<표 V-35> 대학생의 신체적(육체적) 관리 영역에 대한 요구도 분석

구분	현재선호도		미래중요도		차이		요구도	순위
	평균	순위	평균	순위	평균	t값		
1. 일상생활에서 틈틈이 맨손체조나 스트레칭을 통한 건강 관리	3.54	6	4.28	9	.74	8.561***	3.16	7
2. 일정한 시간에 잠들고, 일정한 시간에 깨어 일어남을 통한 수면 관리	3.80	3	4.59	1	.80	9.133***	3.65	5

3. 정기적으로 의사 등 전문가를 만나 지병 관리	2.93	9	4.10	10	1.17	11.652***	4.80	2
4. 식사 시 적당량을 통한 음식 관리	3.66	4	4.34	7	.69	7.899***	2.99	8
5. 식사 시 영양소를 고려한 음식 관리	3.50	7	4.37	4	.87	9.561***	3.80	4
6. 늦은 밤 자기 전에 야식 절제	3.58	5	4.36	5	.78	7.856***	3.40	6
7. 스마트폰이나 컴퓨터, TV 등 전자기기 절제	2.89	10	4.09	11	1.20	10.982***	4.89	1
8. 유산소운동을 일주일에 3회 이상 신체 관리	3.30	8	4.34	8	1.04	10.166***	4.51	3
9. 몸이 아프거나 이상이 생길 것 같은 느낌이 있을 때 적절한 조치	3.83	2	4.45	3	.62	7.699***	2.77	9
10. 금주와 금연을 통한 건강관리	4.65	1	4.58	2	-.07	-.852	-0.30	10

***p<.001

　다음으로 대학생의 신체적(육체적) 관리 영역을 The Locus for Focus 모델을 활용하여 우선순위를 분석한 결과는 [그림 Ⅴ-15]와 <표 Ⅴ-36>과 같다. 대학생들이 인식하고 있는 신체적(육체적) 관리 영역의 미래 중요 수준 평균은 4.35이며, 불일치 수준(미래 중요 수준-현재 선호 수준)의 평균은 0.78로 나타났다. 미래 중요 수준의 평균을 x축으로, 불일치 수준의 평균을 y축으로 하여 사사분면으로 나타냈을 때, 제1사분면의 영역에 속하는 신체적(육체적) 관리 영역들은 대학생들이 중요하게 생각하고 미래 중요 수준과 현재 선호 수준 간의 불일치 수준이 높은 것들로 최우선적으로 요구되는 신체적(육체적) 관리 영역들이다.

분석 결과, 제1사분면에 포함되는 신체적(육체적) 관리 영역은 일정한 시간에 잠들고, 일정한 시간에 깨어 일어남을 통한 수면 관리, 식사 시 영양소를 고려한 음식 관리였고, 제2사분면은 정기적으로 의사 등 전문가를 만나 지병 관리, 스마트폰이나 컴퓨터, TV 등 전자기기 절제, 유산소운동을 일주일에 3회 이상 신체 관리였으며, 제3사분면은 일상생활에서 틈틈이 맨손체조나 스트레칭을 통한 건강관리, 식사 시 적당량을 통한 음식 관리였고, 제4사분면은 늦은 밤 자기 전에 야식 절제, 몸이 아프거나 이상이 생길 것 같은 느낌이 있을 때 적절한 조치, 금주와 금연을 통한 건강관리였다.

[그림 V-15] The Locus for Focus모델을 활용한 대학생의 신체적(육체적) 관리 영역 우선순위

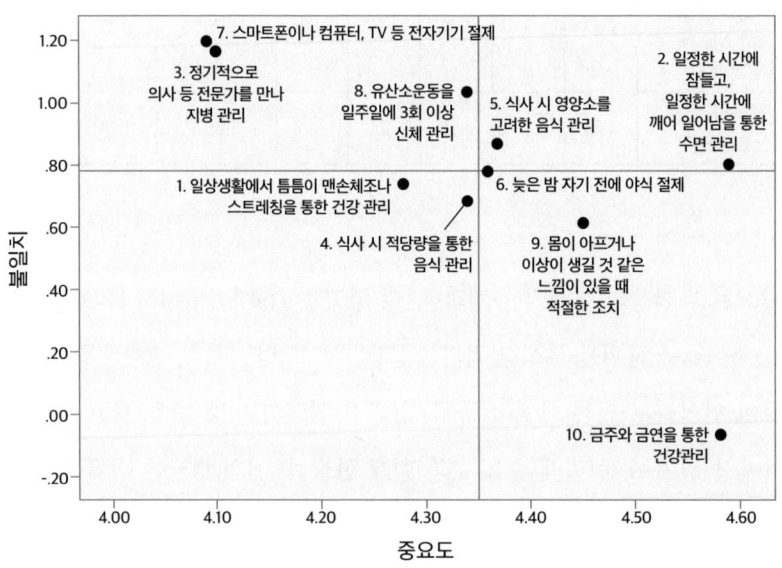

<표 Ⅴ-36> The Locus for Focus 모델을 활용한 대학생의 신체적(육체적) 관리 영역 우선순위

분면	신체적(육체적) 관리 영역 우선순위
1사분면 (고고)	일정한 시간에 잠들고, 일정한 시간에 깨어 일어남을 통한 수면 관리, 식사 시 영양소를 고려한 음식 관리
2사분면 (저고)	정기적으로 의사 등 전문가를 만나 지병 관리, 스마트폰이나 컴퓨터, TV 등 전자기기 절제, 유산소운동을 일주일에 3회 이상 신체 관리
3사분면 (저저)	일상생활에서 틈틈이 맨손체조나 스트레칭을 통한 건강관리, 식사 시 적당량을 통한 음식 관리
4사분면 (고저)	늦은 밤 자기 전에 야식 절제, 몸이 아프거나 이상이 생길 것 같은 느낌이 있을 때 적절한 조치, 금주와 금연을 통한 건강관리

나. 지성 및 교양 관리 영역에 대한 요구도

대학생의 지성 및 교양 관리 영역에 대한 요구도를 분석하기 위해서 대응표본 t검정을 실시하였다. 현재 선호 수준에서는 멘토를 통한 학습활동의 평균이 가장 높았으며, 미래 중요 수준에서는 규칙적인 독서 활동의 평균이 가장 높았다. 대응표본 t검정 결과, 9개 분야 모두에서 통계적으로 유의미한 차이를 보였다. 본 연구에서 요구는 현재 선호 수준과 미래 중요 수준 간의 차이로 정의되기 때문에 모든 분야에서 갭gap으로서의 요구가 존재하였다. 다음으로 Borich의 요구도 값을 산출한 결과 가장 높은 요구도 값은 규칙적인 독서 활동이었으며, 그 다음 순으로 정기적인 뉴스 검색 활동, 사역 전문성 강화를 위한 학위과정(석사 및 박사) 등록, 일반 사회 교육기관(평생교육원 등) 참여 활동 등의 순이었다. 대학생의 지성 및 교양 관리에 대한 요구도 분석 결과는 <표 Ⅴ-37>과 같다.

<표 V-37> 대학생의 지성 및 교양 관리에 대한 요구도 분석

구분	현재선호도		미래중요도		차이		요구도	순위
	평균	순위	평균	순위	평균	t값		
1. 사역 전문성 강화를 위한 학위과정 (석사 및 박사) 등록	3.09	8	3.64	8	.55	6.415***	2.00	3
2. 동료들과의 정례적인 사역 관련 스터디 활동	3.59	2	4.00	3	.41	5.515***	1.64	5
3. 기관 및 단체의 교육세미나 참여 활동	3.54	3	3.83	6	.29	3.923***	1.10	8
4. 규칙적인 독서 활동	3.51	4	4.25	1	.74	7.754***	3.13	1
5. 정기적인 뉴스 검색 활동	3.48	5	4.06	2	.57	5.938***	2.33	2
6. 온라인(동영상) 교육 참여 활동	3.16	7	3.57	9	.41	5.205***	1.46	6
7. 일반 사회 교육기관 (평생교육원 등) 참여 활동	2.97	9	3.49	10	.52	6.011***	1.83	4
8. 자기 계발을 위한 해외 연수 활동	3.48	5	3.72	7	.24	2.946**	0.88	9
9. 멘토를 통한 학습활동	3.64	1	3.95	4	.31	4.584***	1.23	7

**p<.01, ***p<.001

다음으로 대학생의 지성 및 교양 관리 영역을 The Locus for Focus 모델을 활용하여 우선순위를 분석한 결과는 [그림 V-16]과 <표 V-38>과 같다. 대학생들이 인식하고 있는 지성 및 교양 관리 영역의 미래 중요 수준 평균은 3.83이며, 불일치 수준(미래 중요 수준-현재 선호 수준)의 평균은 0.45로 나타났다. 미래 중요 수준의 평균을 x축으로, 불일치 수준의 평균을 y축으로 하여 사사분면으로 나타냈을 때, 제1사분면의 영역에 속하는 지성 및 교양 관리 영역들은 대학생들이 중요하게 생각하고 미래 중요 수준과 현재 선호 수준 간의 불일치 수준이 높은 것들로 최우선적으로 요구되는 지성 및 교양 관리 영역들이다.

분석 결과, 제1사분면에 포함되는 지성 및 교양 관리 영역은 규칙적인 독서 활동, 정기적인 뉴스 검색 활동이었고, 제2사분면은 사역 전문성 강화를 위한 학위과정(석사 및 박사) 등록, 일반 사회 교육기관(평생교육원 등) 참여 활동이었으며, 제3사분면은 기관 및 단체의 교육세미나 참여 활동, 온라인(동영상) 교육 참여 활동, 자기 계발을 위한 해외 연수 활동이었고, 제4사분면은 동료들과의 정례적인 사역 관련 스터디 활동, 멘토를 통한 학습활동이었다.

[그림 V-16] The Locus for Focus모델을 활용한 대학생 지성 및 교양 관리 영역 우선순위

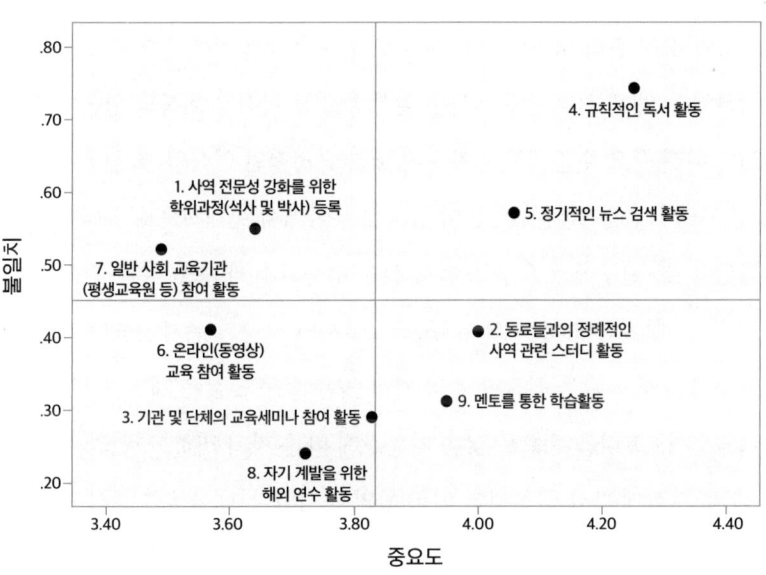

<표 Ⅴ-38> The Locus for Focus 모델을 활용한 대학생 지성 및 교양 관리 영역 우선순위

분면	지성 및 교양 관리 영역 우선순위
1사분면 (고고)	규칙적인 독서 활동, 정기적인 뉴스 검색 활동
2사분면 (저고)	사역 전문성 강화를 위한 학위과정(석사 및 박사) 등록, 일반 사회 교육기관(평생교육원 등) 참여 활동
3사분면 (저저)	기관 및 단체의 교육세미나 참여 활동, 온라인(동영상) 교육 참여 활동, 자기 계발을 위한 해외 연수 활동
4사분면 (고저)	동료들과의 정례적인 사역 관련 스터디 활동, 멘토를 통한 학습활동

다. 정서 관리 영역에 대한 요구도

　대학생의 정서 관리 영역에 대한 요구도를 분석하기 위해서 대응표본 t검정을 실시하였다. 현재 선호 수준에서는 일상생활 중 자신감 회복의 평균이 가장 높았으며, 미래 중요 수준에서는 자신에 대한 긍정적인 인식의 평균이 가장 높았다. 대응표본 t검정 결과, 9개 분야 중 4개 분야에서 통계적으로 유의미한 차이를 보였다. 본 연구에서 요구는 현재 선호 수준과 미래 중요 수준 간의 차이로 정의되기 때문에 4개 분야에서 갭gap으로서의 요구가 존재하였다. 다음으로 Borich의 요구도 값을 산출한 결과 가장 높은 요구도 값은 개인의 문제해결력 관리였으며, 그 다음 순으로 낮은 자존감에 따른 자기 비하, 개인의 분노 조절 및 관리, 자신에 대한 긍정적인 인식 등의 순이었다. 대학생의 정서 관리 영역에 대한 요구도에 대한 요구도 분석 결과는 <표 Ⅴ-39>와 같다.

<표 V-39> 대학생의 정서 관리 영역에 대한 요구도 분석

구분	현재선호도		미래중요도		차이		요구도	순위
	평균	순위	평균	순위	평균	t값		
1. 개인의 분노 조절 및 관리	4.30	6	4.44	6	.15	2.012*	0.66	3
2. 일상생활 중 자신감 회복	4.45	1	4.54	2	.09	1.438	0.41	8
3. 개인의 불안 및 초조에 대한 조절 및 관리	4.40	4	4.50	4	.10	1.614	0.44	7
4. 사역 내 집중력 관리	4.32	5	4.43	7	.11	1.649	0.47	5
5. 개인의 문제해결력 관리	4.30	6	4.53	3	.24	4.451***	1.08	1
6. 평정심 유지	4.41	3	4.48	5	.07	1.263	0.33	9
7. 외로움 극복	4.16	8	4.27	9	.11	1.451	0.46	6
8. 낮은 자존감에 따른 자기 비하	3.80	9	4.04	10	.25	3.287**	0.99	2
9. 자신에 대한 긍정적인 인식	4.42	2	4.56	1	.14	2.291*	0.64	4

*$p<.05$, **$p<.01$, ***$p<.001$

다음으로 대학생의 정서 관리 영역을 The Locus for Focus 모델을 활용하여 우선순위를 분석한 결과는 [그림 V-17]과 <표 V-40>과 같다. 대학생들이 인식하고 있는 정서 관리 영역의 미래 중요 수준 평균은 4.42며, 불일치 수준 (미래 중요 수준-현재 선호 수준)의 평균은 0.14로 나타났다. 미래 중요 수준의 평균을 x축으로, 불일치 수준의 평균을 y축으로 하여 사사분면으로 나타냈을 때, 제1사분면의 영역에 속하는 정서 관리 영역들은 대학생들이 중요하게 생각하고 미래 중요 수준과 현재 선호 수준 간의 불일치 수준이 높은 것들로 최우선적으로 요구되는 정서 관리 영역들이다.

분석 결과, 제1사분면에 포함되는 정서 관리 영역은 개인의 분노 조절 및 관리, 개인의 문제해결력 관리, 자신에 대한 긍정적인인식이었고, 제2사분면은 낮은 자존감에 따른 자기 비하였으며, 제3사분면은 외로움 극복이었고, 제4사분면은 일상생활 중 자신감 회복, 개인의 불안 및 초조에 대한 조절 및 관리, 사역 내 집중력 관리, 평정심 유지였다.

[그림 Ⅴ-17] The Locus for Focus모델을 활용한 대학생 정서 관리 영역 우선순위

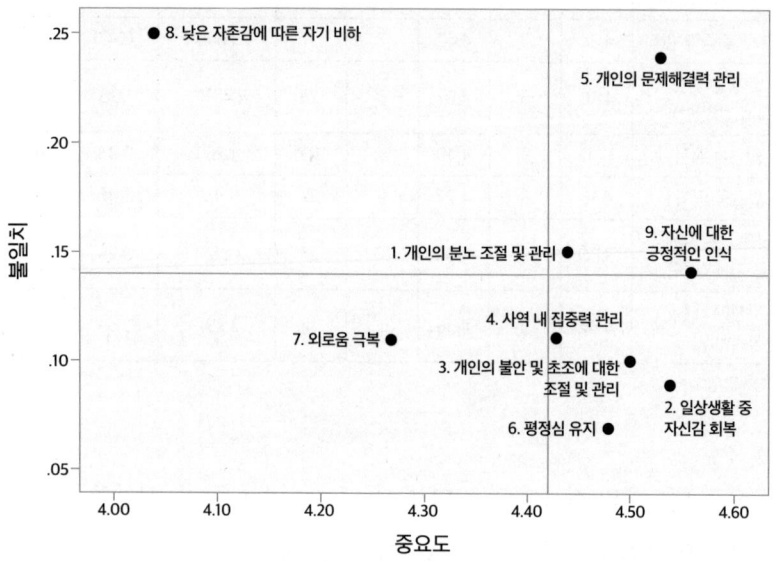

<표 V-40> The Locus for Focus 모델을 활용한 대학생 정서 관리 영역 우선순위

분면	정서 관리 영역 우선순위
1사분면 (고고)	개인의 분노 조절 및 관리, 개인의 문제해결력 관리, 자신에 대한 긍정적인 인식
2사분면 (저고)	낮은 자존감에 따른 자기 비하
3사분면 (저저)	외로움 극복
4사분면 (고저)	일상생활 중 자신감 회복, 개인의 불안 및 초조에 대한 조절 및 관리, 사역 내 집중력 관리, 평정심 유지

라. 사회성 관리 영역에 대한 요구도

대학생의 사회성 관리 영역에 대한 요구도를 분석하기 위해서 대응표본 t검정을 실시하였다. 현재 선호 수준에서는 공동체를 통한 안정감의 평균이 가장 높았으며, 미래 중요 수준에서는 사회활동을 통해 사람들과의 교제의 평균이 가장 높았다. 대응표본 t검정 결과, 9개 분야 중 7개 분야에서 통계적으로 유의미한 차이를 보였다. 본 연구에서 요구는 현재 선호 수준과 미래 중요 수준 간의 차이로 정의되기 때문에 7개 분야에서 갭gap으로서의 요구가 존재하였다. 다음으로 Borich의 요구도 값을 산출한 결과 가장 높은 요구도 값은 적극적으로 사회적 모임 참여였으며, 그 다음 순으로 사회활동을 통해 사람들과의 교제, 혼자 집에 있는 것보다 사회활동이 주는 즐거움, 사회활동이 주는 삶의 활력 등의 순이었다. 대학생의 사회성 관리 영역에 대한 요구도에 대한 요구도 분석 결과는 <표 V-41>과 같다.

<표 V-41> 대학생의 사회성 관리 영역에 대한 요구도 분석

구분	현재선호도		미래중요도		차이		요구도	순위
	평균	순위	평균	순위	평균	t값		
1. 사회활동을 통해 사람들과의 교제	4.08	4	4.41	1	.33	4.179***	1.45	2
2. 사회활동이 주는 삶의 활력	4.04	7	4.29	7	.25	3.970***	1.05	4
3. 혼자 집에 있는 것보다 사회활동이 주는 즐거움	3.72	9	4.07	10	.34	4.033***	1.40	3
4. 공동체 소속감	4.26	2	4.35	4	.09	1.491	0.39	9
5. 공동체를 통한 안정감	4.27	1	4.39	2	.12	1.880	0.54	8
6. 개인의 삶을 통한 사회 기여	4.06	6	4.27	8	.21	2.722**	0.91	6
7. 공동체 내 개인적 가치와 의미	4.07	5	4.30	5	.24	3.149**	1.02	5
8. 적극적으로 사회적 모임 참여	3.84	8	4.20	9	.36	4.176***	1.52	1
9. 사회적 모임 참여에 따른 감사한 마음	4.25	3	4.39	2	.15	2.093*	0.65	7

*$p<.05$, **$p<.01$, ***$p<.001$

다음으로 대학생의 사회성 관리 영역을 The Locus for Focus 모델을 활용하여 우선순위를 분석한 결과는 [그림 V-18]과 <표 V-42>와 같다. 대학생들이 인식하고 있는 사회성 관리 영역의 미래 중요 수준 평균은 4.30이며, 불일치 수준(미래 중요 수준-현재 선호 수준)의 평균은 0.23으로 나타났다. 미래 중요 수준의 평균을 x축으로, 불일치 수준의 평균을 y축으로 하여 사사분면으로 나타냈을 때, 제1사분면의 영역에 속하는 사회성 관리 영역들은 대학생들이 중요하게 생각하고 미래 중요 수준과 현재 선호 수준 간의 불일치 수준이 높은 것들로 최우선적으로 요구되는 사회성 관리 영역들이다.

분석 결과, 제1사분면에 포함되는 사회성 관리 영역은 사회활동을 통해 사람들과의 교제, 공동체 내 개인적 가치와 의미였고, 제2사분면은 사회활동이 주는 삶의 활력, 혼자 집에 있는 것보다 사회활동이 주는 즐거움, 적극적으로 사회적 모임 참여였으며, 제3사분면은 개인의 삶을 통한 사회 기여였고, 제4사분면은 공동체 소속감, 공동체를 통한 안정감, 사회적 모임 참여에 따른 감사한 마음이었다.

[그림 Ⅴ-18] The Locus for Focus모델을 활용한 대학생 사회성 관리 영역 우선순위

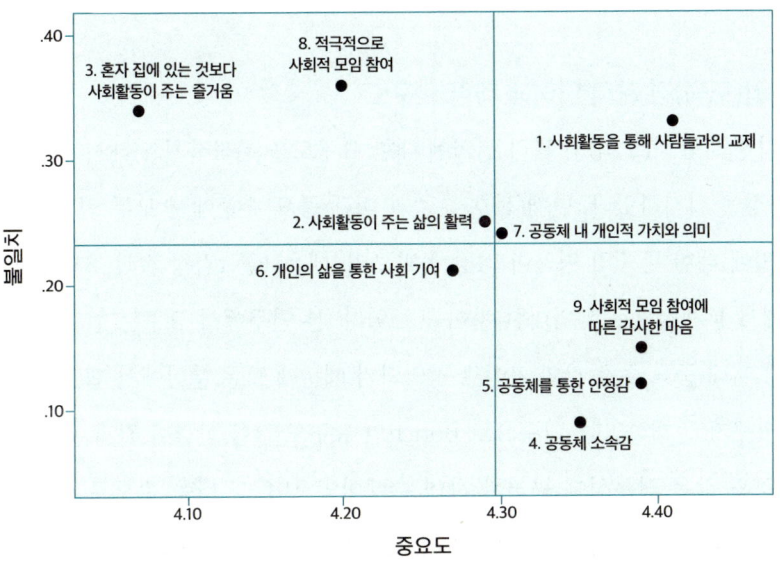

<표 Ⅴ-42> The Locus for Focus 모델을 활용한 대학생 사회성 관리 영역 우선순위

분면	사회성 관리 영역 우선순위
1사분면 (고고)	사회활동을 통해 사람들과의 교제, 공동체 내 개인적 가치와 의미
2사분면 (저고)	사회활동이 주는 삶의 활력, 혼자 집에 있는 것보다 사회활동이 주는 즐거움, 적극적으로 사회적 모임 참여
3사분면 (저저)	개인의 삶을 통한 사회 기여
4사분면 (고저)	공동체 소속감, 공동체를 통한 안정감, 사회적 모임 참여에 따른 감사한 마음

마. 윤리(도덕)성 관리 영역에 대한 요구도

대학생의 윤리(도덕)성 관리 영역에 대한 요구도를 분석하기 위해서 대응표본 t검정을 실시하였다. 현재 선호 수준과 미래 중요 수준에서 모두 인격체로서 타인에 대한 존중의 평균이 가장 높았으며, 대응표본 t검정 결과, 8개 분야 모두에서 통계적으로 유의미한 차이를 보였다. 본 연구에서 요구는 현재 선호 수준과 미래 중요 수준 간의 차이로 정의되기 때문에 모든 분야에서 갭gap으로서의 요구가 존재하였다. 다음으로 Borich의 요구도 값을 산출한 결과 가장 높은 요구도 값은 전문성에 근거한 사역 수행이었으며, 그 다음 순으로 타인의 안위를 위한 정확한 의견 제시, 윤리적으로 최선의 것을 선택하기 위한 토론, 윤리성에 대한 개인적 성찰 등의 순이었다. 대학생의 윤리(도덕)성 관리 영역에 대한 요구도에 대한 요구도 분석 결과는 <표 Ⅴ-43>과 같다.

<표 V-43> 대학생의 윤리(도덕)성 관리 영역에 대한 요구도 분석

구분	현재선호도 평균	현재선호도 순위	미래중요도 평균	미래중요도 순위	차이 평균	차이 t값	요구도	순위
1. 인격체로서 타인에 대한 존중	4.42	1	4.62	1	.20	3.218**	0.95	5
2. 일상생활 내 타인에 대한 정직	4.34	2	4.52	2	.17	2.627*	0.78	7
3. 타인의 안위를 위한 정확한 의견 제시	4.11	7	4.34	9	.23	3.166**	1.00	4
4. 윤리적으로 최선의 것을 선택하기 위한 토론	4.17	6	4.44	6	.27	3.926***	1.20	2
5. 윤리성에 대한 개인적 성찰	4.21	4	4.48	3	.26	3.665***	1.17	3
6. 타인이 느끼는 감정에 대한 공감	4.31	3	4.47	4	.16	2.442*	0.70	8
7. 고통당하는 타인에 대한 연민	4.19	5	4.39	7	.20	2.978**	0.90	6
8. 전문성에 근거한 사역 수행	4.07	8	4.39	8	.32	5.359***	1.40	1

*$p<.05$, **$p<.01$, ***$p<.001$

다음으로 대학생의 윤리(도덕)성 관리 영역을 The Locus for Focus 모델을 활용하여 우선순위를 분석한 결과는 [그림 V-19]와 <표 V-44>와 같다. 대학생들이 인식하고 있는 윤리(도덕)성 관리 영역의 미래 중요 수준 평균은 4.31이며, 불일치 수준(미래 중요 수준-현재 선호 수준)의 평균은 0.16으로 나타났다. 미래 중요 수준의 평균을 x축으로, 불일치 수준의 평균을 y축으로 하여 사사분면으로 나타냈을 때, 제1사분면의 영역에 속하는 윤리(도덕)성 관리 영역들은 대학생들이 중요하게 생각하고 미래 중요 수준과 현재 선호 수준 간의 불일치 수준이 높은 것들로 최우선적으로 요구되는 윤리(도덕)성 관리 영역들이다.

분석 결과, 제1사분면에 포함되는 윤리(도덕)성 관리 영역은 윤리성에 대한 개인적 성찰이었고, 제2사분면은 타인의 안위를 위한 정확한 의견 제시, 윤리적으로 최선의 것을 선택하기 위한 토론, 전문성에 근거한 사역 수행이었으며, 제3사분면은 고통당하는 타인에 대한 연민이었고, 제4사분면은 인격체로서 타인에 대한 존중, 일상생활 내 타인에 대한 정직, 타인이 느끼는 감정에 대한 공감이었다.

[그림 V-19] The Locus for Focus모델을 활용한 대학생 윤리(도덕)성 관리 영역 우선순위

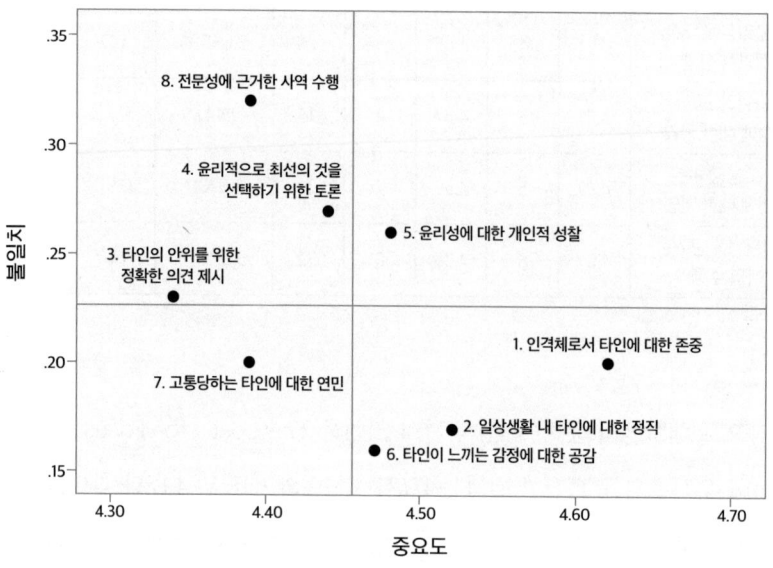

<표 Ⅴ-44> The Locus for Focus 모델을 활용한 대학생 윤리(도덕)성 관리 영역 우선순위

분면	윤리(도덕)성 관리 영역 우선순위
1사분면 (고고)	윤리성에 대한 개인적 성찰
2사분면 (저고)	타인의 안위를 위한 정확한 의견 제시, 윤리적으로 최선의 것을 선택하기 위한 토론, 전문성에 근거한 사역 수행
3사분면 (저저)	고통당하는 타인에 대한 연민
4사분면 (고저)	인격체로서 타인에 대한 존중, 일상생활 내 타인에 대한 정직, 타인이 느끼는 감정에 대한 공감

바. 신앙 관리 영역에 대한 요구도

대학생의 신앙 관리 영역에 대한 요구도를 분석하기 위해서 대응표본 t검정을 실시하였다. 현재 선호 수준과 미래 중요 수준에서 모두 규칙적인 예배의 평균이 가장 높았으며, 대응표본 t검정 결과, 9개 분야에서 모두 통계적으로 유의미한 차이를 보였다. 본 연구에서 요구는 현재 선호 수준과 미래 중요 수준 간의 차이로 정의되기 때문에 모든 분야에서 갭gap으로서의 요구가 존재하였다. 다음으로 Borich의 요구도 값을 산출한 결과 가장 높은 요구도 값은 정기적인 전도였으며, 그 다음 순으로 규칙적인 성경 묵상, 정기적인 기도, 정기적인 심방 등의 순이었다. 대학생의 신앙 관리 영역에 대한 요구도에 대한 요구도 분석 결과는 <표 Ⅴ-45>와 같다.

<표 Ⅴ-45> 대학생의 신앙 관리 영역에 대한 요구도 분석

구분	현재선호도		미래중요도		차이		요구도	순위
	평균	순위	평균	순위	평균	t값		
1. 정기적인 기도	3.97	4	4.75	3	.79	9.635***	3.74	3
2. 규칙적인 성경 묵상	3.81	5	4.76	2	.95	10.930***	4.53	2
3. 경건 서적 읽기	3.45	6	4.23	8	.78	8.203***	3.29	5
4. 신앙 주제 대화	4.15	3	4.52	5	.37	5.267***	1.67	7
5. 교회 지체와의 교제	4.30	2	4.64	4	.34	4.576***	1.60	8
6. 신학 공부	3.41	7	4.10	10	.69	7.631***	2.82	6
7. 정기적인 심방	3.33	8	4.16	9	.83	9.531***	3.44	4
8. 규칙적인 예배	4.53	1	4.77	1	.24	4.679***	1.13	9
9. 정기적인 전도	3.16	9	4.34	7	1.18	12.296***	5.12	1

***$p<.001$

다음으로 대학생의 신앙 관리 영역을 The Locus for Focus 모델을 활용하여 우선순위를 분석한 결과는 [그림 Ⅴ-20]과 <표 Ⅴ-46>과 같다. 대학생들이 인식하고 있는 신앙 관리 영역의 미래 중요 수준 평균은 4.47이며, 불일치 수준(미래 중요 수준-현재 선호 수준)의 평균은 0.68로 나타났다. 미래 중요 수준의 평균을 x축으로, 불일치 수준의 평균을 y축으로 하여 사사분면으로 나타냈을 때, 제1사분면의 영역에 속하는 신앙 관리 영역들은 대학생들이 중요하게 생각하고 미래 중요 수준과 현재 선호 수준 간의 불일치 수준이 높은 것들로 최우선적으로 요구되는 신앙 관리 영역들이다.

분석 결과, 제1사분면에 포함되는 신앙 관리 영역은 정기적인 기도, 규칙적인 성경 묵상이었고, 제2사분면은 경건 서적 읽기, 신학 공부, 정기적인 심방, 정기적인 전도였으며, 제3사분면은 해당 사항이 없었고, 제4사분면은 신앙 주제 대화, 교회 지체와의 교제, 규칙적인 예배였다.

[그림 V-20] The Locus for Focus모델을 활용한 대학생 신앙 관리 영역 우선순위

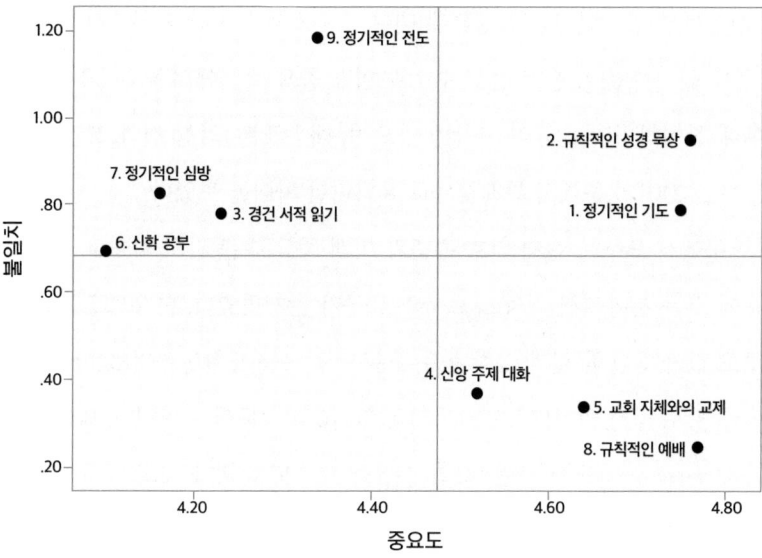

<표 V-46> The Locus for Focus 모델을 활용한 대학생 신앙 관리 영역 우선순위

분면	신앙 관리 영역 우선순위
1사분면 (고고)	정기적인 기도, 규칙적인 성경 묵상
2사분면 (저고)	경건 서적 읽기, 신학 공부, 정기적인 심방, 정기적인 전도
3사분면 (저저)	-
4사분면 (고저)	신앙 주제 대화, 교회 지체와의 교제, 규칙적인 예배

코로나 블루 청소년의 신앙생활 요구도[1]

코로나 블루 청소년의 신앙생활에 대한 요구도를 분석하기 위해서 대응표본 t검정을 실시하였다. 현재 선호 수준과 미래 중요 수준에서 모두 (오프라인 대면)예배 참여하기의 평균이 가장 높았으며, 대응표본 t검정 결과, 11개 분야에서 모두 p<.001 수준에서 통계적으로 유의미한 차이를 보였다.

본 연구에서 요구는 현재 선호 수준과 미래 중요 수준 간의 차이로 정의되기 때문에 모든 분야에서 격차gap로서의 요구가 존재하였다. 다음으로 Borich의 요구도 값을 산출한 결과 가장 높은 요구도 값은 전도활동하기(3.15)였으며 그 다음 순으로 성경 읽기(2.78), 기독서적 읽기(2.49) 등의 순이었다. Borich의 요구도 값과 t값을 비교해 보면 t값의 순위와 요구도 순위가 거의 일치하였다. 코로나 블루 청소년의 신앙생활에 대한 요구도에 대한 우선순위 분석방법을 정리하면 다음 <표 Ⅴ-47>과 같다.

<표 Ⅴ-47> 코로나 블루 청소년의 신앙생활에 대한 요구도 분석

구분	현재선호도		미래중요도		차이		요구도	순위
	평균	순위	평균	순위	평균	t값		
(오프라인 대면) 예배 참여하기	3.81	1	4.01	1	-.207	-3.391***	.80	11
(온라인 비대면) 예배 참여하기	3.05	3	3.50	5	-.453	-7.172***	1.58	8
(온라인 비대면) 신앙양육 프로그램	2.84	6	3.31	9	-.467	-7.464***	1.56	9
(온라인 비대면) 신앙공동체 활동	2.81	8	3.30	10	-.487	-7.488***	1.62	7

---

1. 본 절의 내용은 이현철(2021)의 "그들은 무엇을 요구하고 있는가: 한국교회 내 코로나블루 청소년의 요구 분석"(고신신학 23호, 205-222)의 일부임을 밝혀둠.

(온라인 비대면) 신앙 상담활동	2.84	6	3.29	11	-.453	-6.855***	1.48	10
기도하기	3.22	2	3.77	2	-.550	-8.492***	2.07	5
성경읽기	2.96	4	3.71	3	-.747	-10.628***	2.78	2
성경공부 참여하기	2.87	5	3.52	4	-.657	-10.094***	2.29	4
기독서적 읽기	2.57	10	3.32	8	-.750	-10.730***	2.49	3
교회 외 종교모임 참여하기	2.76	9	3.35	6	-.590	-8.325***	1.98	6
전도활동하기	2.41	11	3.35	6	-.943	-12.135***	3.15	1

***$p<.001$

한편, 코로나 블루 청소년 신앙생활을 The Locus for Focus Model을 활용하여 우선순위를 분석한 결과는 [그림 Ⅴ-21]과 <표 Ⅴ-48>과 같다. 청소년들이 인식하고 있는 신앙생활의 미래 중요 수준 평균은 3.49이며, 불일치 수준(미래 중요 수준-현재 선호 수준)의 평균은 0.57로 나타났다. 미래 중요 수준의 평균을 x축으로, 불일치 수준의 평균을 y축으로 하여 사사분면으로 나타냈을 때, 제1사분면의 영역에 속하는 신앙생활들은 청소년들이 중요하게 생각하고 미래 중요 수준과 현재 선호 수준 간의 불일치 수준이 높은 것들로 최우선적으로 요구되는 신앙생활들이다.

[그림 V-21] The Locus for Focus Model을 활용한 코로나 블루 청소년 신앙생활 우선순위

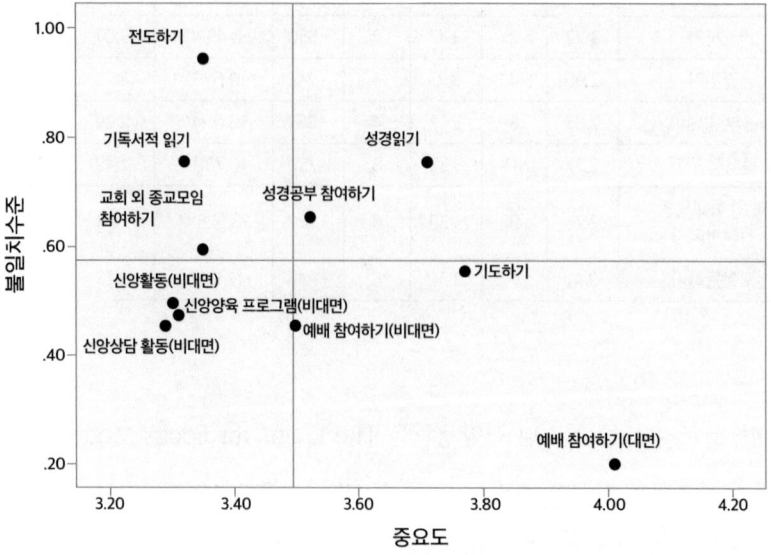

분석 결과에 따르면 제1사분면에 포함되는 신앙생활은 성경 읽기와 성경 공부 참여하기였고, 제2사분면은 전도활동하기, 기독서적 읽기, 교회 외 종교모임 참여하기였으며, 제3사분면은 (온라인 비대면)신앙상담활동, (온라인 비대면)신앙공동체활동, (온라인 비대면)신앙양육프로그램이었고, 제4사분면은 (온라인 비대면)예배 참여학기, (오프라인 대면)예배 참여하기, 기도하기였다.

<표 V-48> The Locus for Focus Model을 활용한 코로나 블루 청소년 신앙생활 우선순위

분면	교사(전체)의 다음세대 교회 사역을 위한 우선순위
1사분면 (HH)	성경 읽기, 성경공부 참여하기
2사분면 (LH)	전도활동하기, 기독서적 읽기, 교회 외 종교모임 참여하기
3사분면 (LL)	(온라인 비대면)신앙상담활동, (온라인 비대면)신앙공동체활동, (온라인 비대면)신앙양육프로그램
4사분면 (HL)	(온라인 비대면)예배 참여하기, (오프라인 대면)예배 참여하기, 기도하기

 The Locus for Focus Model 결과는 제1사분면(HH)에 대한 우선순위 결정은 비교적 용이하나 2순위 분면의 결정은 사실상 어렵다. 이러한 The Locus for Focus Model의 장점과 단점을 고려하여 1순위 분면(HH)에 몇 개의 항목이 포함되었는지 확인한 후 이들 개수만큼 Borich 요구도 순위를 상호 비교하여 최우선순위 항목들과 차순위 항목들을 결정할 수 있다(차순위 포함). 결과적으로 The Locus for Focus Model을 활용한 우선순위 영역에 포함된 항목 개수와 Borich의 요구도 우선순위와 비교한 결과는 <표 V-49>와 같다.

<표 V-49> 코로나 블루 청소년 신앙생활 우선순위 결정

Borich 요구도 순위	신앙생활	우선순위 도출법	
		Borich 요구도	Locus For Focus
1	전도활동하기	●	
2	성경읽기	●	●
3	기독서적 읽기	●	
4	성경공부 참여하기	●	●
5	기도하기	●	●
6	교회 외 종교모임 참여하기	●	
7	(온라인 비대면)신앙공동체 활동	●	
8	(온라인 비대면)예배 참여하기	●	●
9	(온라인 비대면)신앙양육 프로그램	●	
10	(온라인 비대면)신앙 상담활동	●	
11	(오프라인 대면)예배 참여하기	●	●

 Borich 요구도와 The Locus for Focus Model의 우선순위 도출 방법에 따라 공통적으로 요구가 높은 분야로 나타난 것은 성경 읽기, 성경공부 참여하기, 기도하기, (오프라인 대면)예배 참여하기, (온라인 비대면)예배 참여하기의 5개 분야이다. 이는 11개 분야 중 우선적으로 고려해야 할 요구라고 할 수 있다.

VI
한국교회를 위한 정책 제안

한국교회를 위한 정책 제안:
「Creative Ministries 2025 for the YOU.T.H. *plus(+)*」로의 고도화

본 절에서는 분석결과를 바탕으로 코로나19에 따른 한국교회의 다음세대 사역을 위한 방향과 전략을 제안하고자 한다. 특별히 이는 2021년과 2022년 SFC가 한국교회에 제안한 [Creative Ministries 2025 for the YOU.T.H][1]와 [Creative Ministries 2025 for the YOU.T.H. *plus(+)*][2] 의 연속성 속에서 이루어지며, 본 연구를 통해서 분석된 결과를 추가함으로서 고도화하고자 한다. 먼저 2021년 version [Creative Ministries 2025 for the YOU.T.H]의 경우 청소년들을 중심으로 아래의 총 3가지의 영역과 하위 주제들로 구성되었다. 그 내용은 다음과 같다.

[그림 VI-1] Creative Ministries 2025 for the YOU.T.H

---

1. 이현철·문화랑·이원석·안성복, 『코로나 시대 청소년신앙 리포트』, (서울: SFC, 2021), 210-12.
2. 이현철·안성복·백경태·박건규·허주은·손지혜, 『위드코로나 시대 다음세대 신앙리포트』, (서울: SFC, 2021), 221-45.

먼저 "YOU: your church(청소년사역 및 교회사역 방향)"는 청소년사역 및 교회 현장 사역자들이 전략을 구성함에 있어 고려해야 할 항목들을 중심으로 제시하였으며, "T: teach the faith(청소년 신앙생활 지도 방향)"는 청소년들을 위한 신앙생활 지도와 교육 시 고려해야 할 사항들을 제시하였다. 마지막으로 "H: healthy the life(청소년 일상생활 지도 방향)"는 청소년들의 일상생활 지도와 관련된 사항이 중심이 된다.

해당 사항들의 경우 이현철의 정책 구현 구분 체제에 따라 교단 차원, 노회 차원, 개체 교회 차원, 사역자(개인) 차원으로 구분하여 제시되었다.[3] 2021년 version [Creative Ministries 2025 for the YOU.T.H]의 하위 주제는 다음과 같다.

<표 VI-1> Creative Ministries 2025 for the YOU.T.H 의 영역과 하위 주제들(2021년 version)

영역	하위 주제	구현 단위			
		교단	노회	교회	개인 (사역자)
청소년 사역 및 교회 방향	• 청소년들의 신앙생활만족도 개선을 위한 활동이 요청된다.			○	○
	• 홈스쿨링과 대안학교가 제시하는 신앙교육적 가치들을 살펴야 한다.			○	○
	• 청소년의 교제에 대한 갈증을 다른 교제의 장을 통해 충족시켜줄 수 있어야 한다.			○	○
	• 교회 규모별 특성을 고려한 신앙 활동의 전략을 구성해야 한다.	○	○	○	○
	• 교회와 청소년 전문 사역 기관과의 연계가 필요하다.	○	○	○	○

---

3. 교단-노회-개체 교회-사역자(개인)에 따른 전략 구현은 이현철의 교회 정책 구현 분류 수준에 기초하여 이루어졌다. 이현철. "중소형교회 생존 및 사역을 위한 정책 제안." 제9회 서울포럼: 4차 산업혁명시대의 미래 목회 어떻게 준비할 것인가?(2020년 10월 8일).

구분	항목				
	• 청소년들은 자신의 신앙에 있어 학부모의 영향력을 높게 인식하고 있음을 기억하자			○	○
	• 청소년들은 전도를 부담스러워하고 있어 이에 대한 개선전략이 요청된다.	○	○	○	○
	• 청소년들의 신앙생활 만족도 개선을 위한 노력이 요청된다.	○	○	○	○
	• 오프라인과 온라인의 조화를 추구할 수 있는 '청소년 맞춤형 사역 플랫폼' 개발이 요청된다.	○	○	○	○
	• 청소년들의 실제적인 삶과의 연계된 교회교육이 추구될 필요가 있다.	○	○	○	○
	• 청소년들의 신앙적 활동에 있어 근소한 차이지만 TEEN SFC 활동에 희망을 보다.	○	○	○	○
	• 수도권(서울경기인천) 지역 청소년들을 위한 우선적인 지원과 교육이 요청된다.		○	○	○
	• 코로나19 속에서 청소년들은 내실있게 신앙생활이 이루어지지 못하였고, 이에 대한 개선이 시급하게 요청된다.			○	○
	• 청소년들의 인식 개선을 위한 한국교회 사회적 신뢰도 회복이 필요하다.	○	○	○	
청소년 신앙생활 지도 방향	• 코로나19의 상황 속에서 가족과의 신앙적 유대감을 더욱 강조해야 할 것이다.			○	○
	• 기독정체성에 대한 청소년들의 고민과 확립이 필요하다.			○	○
	• 교회교육은 청소년들의 신앙생활과 교회생활에 의미 있는 활동이 되고 있으며, 이를 계속하여 강조할 필요가 있다.			○	○
	• '신앙생활'을 넘어 '생활신앙'의 개념을 가르쳐야 한다.			○	○
	• 생활 속에서 성경을 읽을 수 있도록 도움을 주어야 한다.			○	○
	• 고등학생들의 신앙생활 우선순위에 기도가 포함되고 있음을 주목할 필요가 있다.			○	○
	• 청소년들을 위한 본질적인 신앙양육에 초점을 맞추어 사역할 필요가 있다.				
	• 고등학생들을 위한 학교와 가정에서의 신앙 지도와 프로그램이 시급하다.	○	○	○	○

청소년 일상생활 지도 방향	• 청소년들의 신체·정신 건강을 돌볼 수 있는 적절한 대안이 필요하다.			○	○
	• 청소년들을 위한 생활 플랜(plan)이 필요하다.			○	○
	• 청소년들의 건강한 수면 습관을 위한 지도와 관리가 필요하다.			○	○
	• 청소년들을 위한 스마트기기 및 스마트폰 사용 지도가 요청된다.			○	○
	• 청소년들의 자기성찰 과정이 올바른 진로·직업 탐색으로 이어지도록 도와줄 필요가 있다.			○	○
	• 청소년들의 비대면 학교 수업에 대한 만족도를 개선시켜 줄 필요가 있다.			○	○
	• 중학생들을 위한 동아리 및 기타 활동에 준하는 프로그램이 제공될 필요가 있다.			○	○

2022년 version [Creative Ministries 2025 for the YOU.T.H. *plus(+)*]는 2021년 version의 내용을 대학생들이 포함된 좀 더 종합적인 다음세대 영역으로 확장하였으며, 분석의 연속성 속에서 사역 체제의 방향성을 고도화하였다. 그 내용은 다음과 같다.

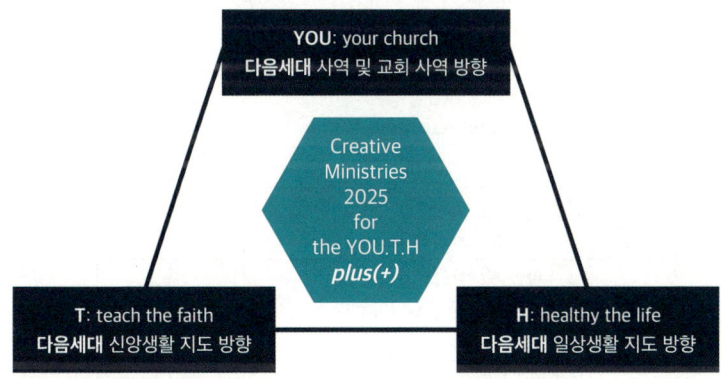

[그림 VI-2] Creative Ministries 2025 for the YOU.T.H. *plus(+)*

[Creative Ministries 2025 for the YOU.T.H. *plus(+)*]에서는 "YOU: your church(다음세대 사역 및 교회사역 방향)"는 대학생·청소년사역 및 교회 현장 사역자들이 전략을 구성함에 있어 고려해야 할 항목, "T: teach the faith(다음세대 신앙생활 지도 방향)"는 대학생·청소년들을 위한 신앙생활 지도와 교육 시 고려해야 할 항목, "H: healthy the life(다음세대 일상생활 지도 방향)"는 대학생·청소년들의 일상생활 지도와 관련된 항목으로 이루어진다.

2022년에 새롭게 추가된 [Creative Ministries 2025 for the YOU.T.H. *plus(+)*]의 하위 주제들은 다음과 같으며, (*)를 표기하여 구분하였다. 사역자들에게 도움을 드리기 위해 2021년과 2022년의 분석결과에 기초한 하위 주제들을 [부록 1]과 [부록 2]로 제시하였는데, 해당 사항은 기존의 통계 분석 결과의 수치임을 유념하여 살펴보길 바란다. 해당 사항과 관련된 세부적인 통계 결과는, 『코로나 시대 청소년 신앙리포트』(서울: SFC, 2021), 『위드코로나 시대 다음세대 신앙리포트』(서울: SFC, 2022)를 참고하라.

<표 VI-2> Creative Ministries 2025 for the YOU.T.H. *plus(+)*의 영역과 하위 주제들 (2022년 version)

영역	하위 주제	구현 단위			
		교단	노회	교회	개인 (사역자)
다음세대 사역 및 교회 방향	• 청소년들의 신앙생활만족도 개선을 위한 활동이 요청된다.			○	○
	• 홈스쿨링과 대안학교가 제시하는 신앙교육적 가치들을 살펴야 한다.			○	○
	• 청소년의 교제에 대한 갈증을 다른 교제의 장을 통해 충족시켜줄 수 있어야 한다.			○	○
	• 교회 규모별 특성을 고려한 신앙 활동의 전략을 구성해야 한다.	○	○	○	○

구분	내용	1	2	3	4
	• 교회와 청소년 전문 사역 기관과의 연계가 필요하다.	○	○	○	○
	• 청소년들은 자신의 신앙에 있어 학부모의 영향력을 높게 인식하고 있음을 기억하자			○	○
	• 청소년들은 전도를 부담스러워하고 있어 이에 대한 개선전략이 요청된다.	○	○	○	○
	• 청소년들의 신앙생활 만족도 개선을 위한 노력이 요청된다.	○	○	○	○
	• 오프라인과 온라인의 조화를 추구할 수 있는 '청소년 맞춤형 사역 플랫폼' 개발이 요청된다.	○	○		○
	• 청소년들의 실제적인 삶과의 연계된 교회교육이 추구될 필요가 있다.	○	○	○	○
	• 청소년들의 신앙적 활동에 있어 근소한 차이지만 TEEN SFC 활동에 희망을 보다.	○	○		○
	• 수도권(서울경기인천) 지역 청소년들을 위한 우선적인 지원과 교육이 요청된다.		○	○	○
	• 코로나19 속에서 청소년들은 내실있게 신앙생활이 이루어지지 못하였고, 이에 대한 개선이 시급하게 요청된다.			○	○
	• 청소년들의 인식 개선을 위한 한국교회 사회적 신뢰도 회복이 필요하다.	○	○	○	
	• 대학생들이 미디어보다 신앙에 흥미를 갖고 집중할 수 있도록 도와야 한다(*)			○	○
	• 대학생들은 신앙의 본질적인 것을 요구하고 있다(*)	○	○	○	○
	• 코로나19는 대학생들을 위한 심방 사역의 기회이다(*)				
다음세대 사역 및 교회 방향	• 대학생들은 온라인 모임의 어려움을 느끼고 있지만 모임에 대한 사모함이 있다(*)			○	○
	• 소규모 교회의 대학생들을 위한 관심이 필요하다(*)	○	○		○
	• 대학생들에게 있어 가정(어머니)과 담당 교역자가 역할이 중요하다(*)			○	○
	• 대학생들은 사역자들의 온라인 사역에 대한 전문성을 기대하고 있다(*)	○	○		○
	• 대학생들이 교회에 출석하는 이유는 자신의 신앙 때문이다(*)	○	○	○	○

	항목				
	• 청소년들을 위한 온라인 사역 만족도 개선이 시급하게 요청된다(*)	○	○	○	○
	• 청소년들을 위한 신앙교육은 반드시 가정과 연계되어 수행되어야 한다(*)			○	○
	• 청소년들에 대한 교사의 영향력을 증대시킬 필요가 있다(*)	○	○	○	○
	• 청소년들은 교회를 떠나고 싶어하지 않는다(*)			○	○
	• 청소년 학교급에 따른 수준별 맞춤 훈련 프로그램이 필요하다(*)			○	○
	• 청소년들을 향한 본질적인 사역을 확신있게 수행해야 한다(*)	○	○	○	○
	• 청소년들의 복음전도를 향한 요구를 주목할 필요가 있다(*)			○	○
	• 청소년 사역자들의 현장 조사 및 방법론적 역량 개발이 요청된다(*)	○	○		
	• 홈스쿨링&대안학교 청소년들을 위한 '전도 책모임'을 해보자(*)			○	○
다음세대 신앙생활 지도 방향	• 코로나19의 상황 속에서 가족과의 신앙적 유대감을 더욱 강조해야 할 것이다.			○	○
	• 기독정체성에 대한 청소년들의 고민과 확립이 필요하다.			○	○
	• 교회교육은 청소년들의 신앙생활과 교회생활에 의미 있는 활동이 되고 있으며, 이를 계속하여 강조할 필요가 있다.			○	○
	• '신앙생활'을 넘어 '생활신앙'의 개념을 가르쳐야 한다.			○	○
	• 생활 속에서 성경을 읽을 수 있도록 도움을 주어야 한다.			○	○
	• 고등학생들의 신앙생활 우선순위에 기도가 포함되고 있음을 주목할 필요가 있다.			○	○
	• 청소년들을 위한 본질적인 신앙양육에 초점을 맞추어 사역할 필요가 있다.			○	○
	• 고등학생들을 위한 학교와 가정에서의 신앙 지도와 프로그램이 시급하다.	○	○	○	○
	• 대학생들의 신앙 습관에 대한 훈련이 필요하다.			○	○
	• 다음세대들은 본질적인 신앙양육에 관심이 있다(*)			○	○

	• 답답한 다음세대, 돌파구가 필요하다(*)	○	○		○	○
	• 대학생들이 교회에 대해 긍정적인 관점을 갖도록 지도해야 한다(*)				○	○
	• 미래세대에 대한 기대와 비전을 건강하게 품을 수 있도록 지도해야 한다(*)				○	○
	• 다음세대들은 성경의 중요성을 알고 있다(*)				○	○
다음세대 일상생활 지도 방향	• 청소년들의 신체·정신 건강을 돌볼 수 있는 적절한 대안이 필요하다.				○	○
	• 청소년들을 위한 생활 플랜(plan)이 필요하다.				○	○
	• 청소년들의 건강한 수면 습관을 위한 지도와 관리가 필요하다.				○	○
	• 청소년들을 위한 스마트기기 및 스마트폰 사용 지도가 요청된다.				○	○
	• 청소년들의 자기성찰 과정이 올바른 진로·직업 탐색으로 이어지도록 도와줄 필요가 있다.				○	○
	• 청소년들의 비대면 학교 수업에 대한 만족도를 개선시켜 줄 필요가 있다.				○	○
	• 청소년들의 신체적, 정신적 건강을 케어(care)해 주어야 한다(*)	○	○		○	○
	• 다음세대의 자발성을 기르는 것이 시급하다(*)				○	○
	• 다음세대의 공동체 의식이 우려된다(*)				○	○

(*)의 경우 Creative Ministries 2025 for the YOU.T.H. *plus*(+)로 추가 항목임.

이번 조사와 코로나블루 청소년 집중 분석을 통해서 Creative Ministries 2025 for the YOU.T.H. *plus(+)*에 추가할 만한 사역 방향들을 도출되하였으며, 구체적으로 그 내용은 다음과 같다.

[교사 영역]

> **교사들을 다음세대 사역에 집중하게 하기!**
> #1인 1사역 시대 서막 #선택과 집중

교사(전체)로서 섬김의 어려움 원인에 대해 조사한 결과를 보면, 개인적인 시간부족(과중한 교회사역)을 1위로 답변한 경우가 34.1%를 차지했다. 개인적인 시간 부족을 2위로 답변한 경우도 25.1%이다. 교회 사역에 한 사람이 여러 사역을 하게 되어 주일에 마음을 쓰고 다음세대 사역에 집중할 시간이 부족하다는 것이다. 이는 교회의 측면에서도 사역의 집중도가 떨어지기에 권장할 수 없다. 장기적으로 보았을 때, 1인 1사역 도입이 필요하다. 교회 안에서 1인 1사역을 하면 첫째로 사역이 집중되는 성도에게 여유 있는 주일 시간과 마음을 다한 섬김을 가능케 한다. 또한 사역을 하고 있지 않은 성도에게 새로운 사역과 교회 섬김에 새로운 기회를 줄 것으로 기대된다. 1인 1사역으로 개인적인 시간 부족이 해결되어 주일과 일주일 내내 다음세대에게 집중하여 고민하고 섬길 교사들이 있다면, 그 교회의 주일학교는 큰 에너지를 얻게 될 것이다.

집중적인 1박 교사 수련회

#리프레쉬 #부서별 연합 행사 #쉼_위로_고민

교사(전체)로서 섬김의 어려움 원인에 대해 조사한 결과 두 번째 문제점으로 사역자로서의 전문성 부족(성경교수방법, 학생발달이해, 목회상담 등)을 답변했다. 1순위로 답변한 경우가 21.9%, 2순위로 답변한 경우가 23.9%를 차지했다. 사역자로서의 전문성 부족 해결에는 1박 교사 수련회가 대안이 될 수 있다. 1박 교사 수련회는 두가지 측면의 이점이 있다. 첫 번째로, 사역자의 전문성은 한 순간에 해결할 수 없고 긴 시간이 필요한 문제인데, 1박 교사 수련회를 통한 자조집단이 서로 상담할 수 있다는 것이다. 동일한 고민을 가진 교사들이 함께 모여 고민을 나눌 때 서로의 고민을 해결하는 좋은 해결 방법을 얻고, 서로에게 위로를 건네는 시간이 될 것이다. 또한, 한 부서뿐 아니라 유아부부터 청년부까지 서로의 노하우들을 자유롭게 공유하고, 좋은 팁들을 공유하는 시간이 될 것으로 예상된다. 모든 부서를 아우르는 다음세대에 대한 고민을 통해 교회는 자연스레 다음세대에 힘을 실어주게 되는 결과를 불러일으키게 되길 기대한다.

공동체성을 살릴 수 있는 수련회를 계획하고 적극 활용하라!

#삼위일체 하나님 #주 안에 우린 하나 #Membership training

코로나 이후 예상되는 한국교회의 가장 큰 변화로 예상되는 것은 '코로나 이전보다 공동체성의 약화'이다. 코로나19는 우리에게 공동체성의 약화를 가져다주었다. 코로나19는 공동체성이 강조되는 예배조차도 어느 장소에서건 혼자 예배를 드릴 수 있다는 인식을 가져다주었다. 이는 자연스레 교회 문화에도 적용되었다. 하지만, 삼위일체의 하나님께서 원하시는 교회의 모습은 개인적이지 않다. 가장 따뜻하신 아버지의 자녀들로서, 머리 되신 예수 그리스도의 몸으로서, 성령님의 교통하심로서 우리는 하나되었다. 이를 머리와 몸으로 배울 수 있는 수련회가 필요하다. 공동체성이 약화된 경우, 학생들은 수련회 저녁에 귀가하여 편한 수면과 세면을 요구한다. 하지만 공동체성은 그렇게 강화될 수 없다. 수련회에 불편해도 함께 지내고, 자기와 다른 친구들을 보며 이해하고 배려하는 활동들이 더욱 많아져야 한다. 그러한 팀빌딩Team Building 프로그램은 우리에게 예수 그리스도 안에서 함께 지어져 가는(엡2:22) 기쁨을 줄 것이다.

교인 수 감소보다 더 무서운 건, 한 명의 야무진 다음세대! 전 교회적 관심!

#위기를 기회로 #피할 수 없으면 즐겨라! #강남의 똘똘한 한 채 #다음세대

코로나 이후 예상되는 한국 교회의 변화는 '교회 출석 교인 수의 감소'가 24.3%로 높은 비율을 차지했다. 코로나19로 인해 교회를 출석하는 교인 수가 감소했다. 이는 교회가 코로나19로 인해 예배를 축소해 오전예배만 진행하고, 이마저도 온라인으로 대체가 가능하다고 생각하는 문화가 자리 잡았기 때문이다. 그래서 성도들은 자연스레 주일에 생긴 여유 시간에 여가활동을 하게 되었다. 하지만, 교인 수가 감소되었다고 넋 놓고 바라볼 수는 없다. 이미 우리 교회에 있는 다음세대들을 똘똘하게 잘 키운다면, 자연스레 그 다음세대들이 자라 건강한 교회를 만들 것이다. 장기적으로 볼 때 모든 교인들을 채워 그들의 자녀들이 많이 오길 바라는 것보다, 지금 우리 주일학교에 참석하는 아이들을 붙잡는 것이 더욱 현명하다고 판단된다. 우리 주일학교에 지금 참석하는 아이들을 잘 잡는다면, 그 '다음 세대'들은 '다음' 세대로 밀려나는 것이 아니라, 중요한 교회의 기둥인 '다음세대'로서 교회에 큰 역할들을 감당할 것이다.

생활신앙으로 거듭나기_한국교회 가장 큰 위협요소는 사회적 신뢰도 하락

#사회적 신뢰도 하락 #생활신앙으로 승부하기

포스트코로나에서 한국교회의 가장 큰 위협 요소로는 사회적 신뢰도 하락(부정적 이미지)을 1위로 답변한 경우가 33.7%로 가장 큰 비율을 차지했다. 코로나19 유행 초기 시절 교회를 통해 많은 감염이 퍼져나갔다. 이로 인해 사회적 신뢰도에 부정적 영향을 미치게 되었다. 이와 더불어 나라의 정책보다 예배를 중요시하는 신앙고백이 매스컴에는 부정적이고 이해하기 어려운 불법으로 비추어지기 시작했다. 그리스도인들은 정직하고 착하다고 생각했던 옛날과 달리, 지금은 자신의 예배 생활을 위해 거짓말을 서슴지 않는 이미지로 변화되었다.

코로나19로 신앙생활을 하지 못하는 동안, '생활신앙'이 우리의 신앙을 지켜주었다. 특히 사회적 신뢰도가 바닥인 이 시대에 기독교인들의 '생활신앙'은 비기독교인들에게 귀감이 될 것이다. 주일에 교회에 가 의자를 따뜻하게만 하는 벤치워머Bench Warmer에서 벗어나 세상을 따뜻하게 하는 월드워머World Warmer가 되어야 한다. 하나님의 따뜻한 사랑을 세상에 나가서 전하고, 누구보다 성실하고 정직하게 살아가야 한다. 고신의 정신인 코람데오Coram Deo의 신앙을 회복할 때 점차 사회적인 신뢰도는 회복될 것이다.

중고등부 친구들의 리더십을 세워 업무를 분담하자!

#학생자발 #내 반은 내가 책임진다. #두마리 토끼잡기

중고등부 교사로서 섬김의 어려움 원인을 살펴본 결과 개인적인 시간부족

(과중한 교회사역)을 1위로 답변한 경우가 27.5%, 2위로 답변한 경우가 25.2%로 가장 높게 나타났다. 하지만 개채교회의 상황을 고려한다면 중고등부 사역을 제외한 다른 사역들을 당장 중단하기가 어려운 실정이다. 이 문제의 대안으로 학생리더십을 세우는 것이 필요하다. 중고등부 교사의 인적 자원이 한정되어 있는 상황에서 우리의 시야를 넓히고 생각을 전환하여 학생 리더십을 키워야 한다. 학생들이 중고등부에 대해 자발적으로 고민하고, 중고등부를 섬긴다면 오히려 더 긍정적인 분위기 변화를 기대할 수 있다. 작게는 학생들이 방송실을 섬기는 것부터 크게는 중고등부의 행사들을 주관하는 것이다. 이를 통해 교사들은 작은 섬김들에 시간을 쏟기보다 학생들을 양육하고, 기도하는 일에 더욱 힘쓸 수 있다. 더욱 기대되는 바는 학생들도 자신들이 준비한 프로그램에 더욱 적극적으로 참여하고, 친구들의 참석을 독려할 수 있다는 것이다. 학생 리더십을 통한 일석이조의 효과가 기대된다.

매년 연초에 실시하는 SFC 중고등부 교사 세미나를 적극 활용하라!

#아이엠쌤 #배우는 교사 #배우고 기도하고 사랑하자

중고등부 교사로서의 섬김을 어렵게 하는 원인에서 사역자로서의 전문성 부족(성경교수방법, 학생발달이해, 목회상담 등)을 1위로 답변한 경우가 27.5%, 2위로 답변한 경우가 26.0%로 높게 나타났다. 중고등부 아이들을 사랑하는 마음으로 교사로 헌신했지만, 막상 운동원들과 라포rapport, 심리적 신뢰감를 형성하고 상담하는 일에는 어려움을 겪을 수 있다. 성경을 많이 읽고 아는 것과 가르치는 것에는 차이가 있다. 이는 매년 연초에 실시하는 SFC 중고등부 교사 세미나를 통해 해결할 수 있다. SFC 각 지부에서는 매년 연초에 교사세미나를 실시한다. 청소년들을 잘 이해하고, 성경교수법에 탁월한 교수들을 초청해 강의를 듣는 시간, 다른 중고등부의 상황과 교사로서의 어려움을 나누는 시간, 함께 청소년들을 위해 뜨겁게 기도하는 경건회 시간 등으로 구성되어 있다. 이 교사세미나를 적극 활용한다면 그 지역의 중고등부 교사들이 함께 모여서 머리로 배우고, 가슴으로 기도하고, 손발로 사랑하는 교사가 되는 발걸음을 걸어갈 수 있을 것이라 기대한다.

하나님의 주신 절호의 찬스, 1년 두 번의 방학을 잡아라!

#역사에 밤에 이뤄진다. #해외비전트립

포스트코로나 이후 예상되는 한국교회 변화에 대한 생각과 관련하여 '코로나 이전보다 공동체성의 약화'를 1위로 답변한 설문자가 26.0%였다. 공동체성의 약화는 교회의 큰 고민거리다. 매 주일 중고등부 모임에서 선포되는 말씀과 분반공부 시간은 영양분이 고르게 갖추어진 급식이다. 그러나 1년에 두 번 우리에게 아주 좋은 특식, '수련회'가 있다. 이 두 번의 수련회를 잡는다면, 공동체성의 회복을 기대할 수 있다. 중고등부 모임은 교회 전체의 예배시간 중간에 촉박하게 이루어지는 경우가 많다. 하지만 수련회는 24시간 학생들과 함께 지낼 수 있다. 학원과 개인 일정으로 인해 함께 놀고 먹으며 시간을 보낼 수 없는 학생들에게 수련회와 해외비전트립은 너무나 좋은 기회이다. 함께 지내며 하나님께서 지으신 아름다운 세상을 보여주고, 경건회의 말씀을 통해 예수 그리스도의 사랑을 말하고, 학생·교사·교역자간의 교제를 통해 성령님의 하나되게 하심을 경험하게 될 것이다. 이를 통해 중고등부에 삼위 하나님의 연합을 경험하는 공동체성이 강화되기를 기대한다.

십대들의 제자화

#십대 제자반 #제자훈련

포스트코로나에서 예상되는 한국교회의 변화에 대한 생각과 관련하여 '주일학교 학생 감소의 가속화'를 1위로 답변한 경우가 26%, 2위로 답변한 경우가 22.9%로 가장 높게 나타났다. 포스트코로나에서 한국교회의 가장 큰 문제는 주일학교 감소의 가속화라는 것이다. 전체적인 한국의 인구 구조도 역삼각형 구조이다. 저출산이 심각한 사회문제로 대두된 지 시간이 꽤 흘렀다. 이는 자연스레 주일학교 감소로 이어지기도 하지만, 불신가정의 아이들이 교회에 정착하는 것이 어려워지는 등 주일학교 인원감소에 가속화가 진행되는 것은 교회에게 큰 위협요소이다.

교회 중고등부의 수적 부흥은 빠른 시일 내에 일어나지 않을 수도 있고, 막막할 수도 있다. 하지만 지금 우리 교회 중고등부에 나오는 학생들을 공략하는 것은 비교적 현실적이다. 그래서 중고등부 학생들에게 십대 제자반을 추천한다. 십대 제자반 프로그램으로는 책모임, 매일 성경읽기 모임, 신앙의 기초 배우기(사도신경, 주기도문, 십계명) 등이 있을 것이다. 우리 중고등부 학생들이 교회 안에서 바른 신앙을 배우고 바른 삶을 살아간다면, 이 십대 제자반 학생들을 통해 하나님께서는 일하실 것이다. 청소년들은 또래집단을 중요시하는 현상이 뚜렷하기에 이 학생들이 각자의 학교, 가정으로 돌아가 선한 영향력을 끼치는 일이 많이 일어나기를 기대한다.

세상의 중심에서 그리스도를 외쳐라! _ 정상적인 크리스천이 있음을 알려라!

=#크밍아웃(크리스찬+커밍아웃) #SNS운동

포스트코로나 이후 한국교회의 가장 큰 위협 요소와 관련하여 사회적 신뢰도 하락(부정적 이미지)이 37.4%로 가장 큰 수치로 드러났다. 비기독교인의 입장에서 자기가 알게 되는 기독교인들은 모두 매스컴에 나오는 기독교인일 가능성이 높은데, 자신과 똑같은 일상을 살아가는 사람이 기독교인이라는 것을 보여줄 필요가 있다. 기독교인은 모두 매스컴에 나올만큼 특별한 선행을 행할 수 없고, 또 모든 교회의 지도자들이 물의를 일으키는 것도 아니다. 하나님을 믿는 사람이든 아니든 같은 시대와 고민을 안고 살아간다.

이를 해결하는 방안으로 크밍아웃크리스천+커밍아웃을 제안한다. 커밍아웃 Coming out은 '벽장 속에서 나오다Coming out of the closet'라는 뜻에서 유래했다. 그리스도인들은 더 이상 숨지 말고 세상에 나와야 한다. 크밍아웃은 SNS에 성경 구절 올리기, 친구가 힘들어할 때 하나님의 사랑을 이야기하기 등의 운동으로 펼쳐낼 수 있다. 이를 통해 정상적인 그리스도인이 생각보다 주변에 많다는 것을 보여주어야 한다. 부족하고 연약하지만 날마다 예수님을 의지하며 살아가는, 그리고 누구보다 정직하고 성실하게 살아가는 그리스도인이 있다는 것을 알면 신뢰도가 회복될 것이다.

교사들이여! 사회활동에도 적극적으로 참여해보자!

#하나님의_주권은_사회에도 #사회_속으로!

전체 교사 그룹의 사회성 관리 영역에 대한 요구도에서 '적극적으로 사회적 모임 참여'가 가장 높은 Borich의 요구도 값으로 조사되었다. The Locus for

Focus 모델을 활용한 우선순위 분석에서도 '사회활동을 통한 사람들과의 교제'가 1사분면 영역에 속했다. 이러한 조사결과는 교회학교 교사들에게 사회활동 참여가 필요하다는 사실을 보여준다. 사실 교사들뿐 아니라 모든 그리스도인에게는 사회 공동체에서 살아가는 것이 중요하다. 하나님의 주권이 모든 영역에 미친다는 것을 아는 신앙인은 신앙 공동체뿐 아니라, 살아가는 삶의 현장에서도 하나님을 보여주고 나타내어야 하기 때문이다. 그리고 이것은 교사들에게는 더욱 중요하다. 교사들이 어떻게 살아가는지를 통해 학생들이 배울 수 있기 때문이다. 주중에도 학생들을 챙기고, 토요일이 되면 주일 공과를 준비해야 하는 교사들에게 사회 활동은 어려운 일일 수 있다. 그러나 학생들에게 사회에 대해서도 알려주고, 바른 사회성이 어떤 것인지 알려주기 위해 스스로 사회성을 키워가는 교사가 되는 것이 바람직하다. 바쁘더라도 자신이 속한 공동체의 모임에 참여하고, 그 속에서 적극적으로 살아가자!

변하는 세상, 바른 윤리와 도덕을 알아가자!

#기독교_윤리 #공부하고_고민하자 #바른_교사가_되기_위해

전체 교사 그룹의 The Locus for Focus 모델을 활용한 우선순위 분석에서는 '윤리성에 대한 개인적 성찰'이 1사분면 영역에 속했다. 최우선적으로 요구되는 부분이 윤리성에 대한 개인적 성찰이라는 것이다. 윤리성에 대한 개인적 성찰은 스스로 고민하고 공부하는 것을 통해 가능하다. 날마다 변하는 세상과 문화 속에서 교회학교 교사로서 바른 윤리와 도덕을 고민하고 알아가는 것은 중요하다. 특별히 교회학교 교사는 일반 윤리와 다른 기독교 윤리에 대해서도 알아가야 한다. 각 교회에서 이런 분야를 양육하고 가르치는 것은 중요하지만, 일반적으로 성경과 교리에 치중된 양육이 많은 실정이다. 따라서 교사는 개인적으로 기독교 윤리와 가치관에 대해 공부하거나 교사회 내에서 배워가기를 노력해야 한다. 어렵지만 꼭 필요한 일이다. 더불어 이것은 전문성을 키우는 일이다. '전문성에 근거한 사역 수행'이 가장 높은 Borich의 요구도 값으로 조사되었다. 안타깝지만 교사들 스스로가 전문성에 근거한 사역 수행이 더 필요하다고 느낀다는 것이다. 따라서 개인적인 고민과 공부의 시간을 통해 전문성을 개발한다면, 학생들에게 바른 윤리와 도덕을 알려줄 수 있고, 학생들도 교사의 대답 속에서 바른 가치가 무엇인지 깨달을 수 있을 것이다.

양육하는 교사가 되기 전에, 먼저 양육받으라!

#교회학교_교사를_위한_교육 #먼저_양육받기

전체 교사 그룹의 신앙 관리 영역에 대한 요구도 분석을 보면 교사들의 선호도와 중요도는 규칙적인 예배(1순위), 정기적인 기도(2순위), 규칙적인 성경 묵상(3순위)로 조사되었다. 기본적인 신앙생활에서 비롯되는 것이 중요도와 선호도 면에서 높은 순위를 차지했다. 반면 경건서적이나 신학 공부는 순위가 낮게 조사되었다. 물론 예배를 드리는 것과 기도와 성경 묵상은 중요하고 필요한 일이다. 그러나 바른 기도와 바른 성경 묵상은 신앙 교육을 통해 가능하다. 정기적인 교회의 신앙 교육을 통해 개인적인 기도와 성경 묵상의 방향이 바로 가고 있는지 확인해야 한다. 더불어 경건서적이나 신학 공부라는 교회의 신앙 교육은 개인적인 기도와 말씀 묵상이 주지 못하는 신앙적 유익을 줄 것이다. 교회에 다른 신앙 양육의 방침이 없다면 담당 교역자에게 요청하여서라도 양육받는 시간이 필요하다. 다음세대 교회 사역을 위한 요구도 분석에서도 '교회학교 교사를 위한 교육'이 요구도 1위로 조사된 것을 보아도 교회학교 교사를 위한 교육이 필요하다는 것을 알 수 있다. 학생들을 돌보고 가르치는 것도 중요하지만, 그 전에 교사가 먼저 양육받아야 한다. 먼저 깨닫고 바르게 알아야 학생들을 바른 방향으로 지도할 수 있기 때문이다.

소모되는 것이 아니라, 더 채움 받는 교사생활이 되자!

#작은_그릇이라도_계속_리필!

전체 교사 그룹의 신앙 관리 영역을 The Locus for Focus 모델을 활용하여 우선순위를 분석한 결과, 제1사분면에 포함되는 신앙 관리 영역은 정기적인 기도, 규칙적인 성경 묵상이었다. 최우선적으로 요구되는 신앙 관리 영역이 기도와 성경 묵상이라는 말이다. 물론 현재도 기도와 성경 묵상이 높은 순위를 차지하고 있지만, 조사된 자료에 의하면 기도와 성경 묵상에 힘을 써야 한다. 연말이 되면 대부분의 교회학교에서 사직서(?)들이 속출한다. 한 해 동안 열심히 소모했기 때문에 안식년(?)을 요구하는 것이다. 물론 직장과 가정의 상황에도 불구하고 시간과 마음을 다해 헌신했기 때문에 일어나는 자연스런 현상일 수 있다. 그러나 그 속에서도 계속해서 그 자리를 지키고 있는 교사들이 있다. 교사로 섬김을 통해 중에 은혜와 기쁨을 누릴 때 그런 일이 가능하다. 기도와 말씀을 통해 하나님을 알고 교제하며, 교사로 섬기는 중에 그리스도의 사랑을 닮아가는 은혜를 누릴 때, 하나님께서는 교사를 채워주신다. 이처럼 교사는 채움 받는 시간이 있어야 한다. 채움 없는 나눔은 금방 고갈된다. 우리의 작은 사랑의 그릇은 은혜와 사랑으로 금방 금방 채워주어야 나눌 수 있다.

최전선의 교사를 위해, 교회는 응원과 지원을 아끼지 않아야 한다!

#교사는_최전선의_선교사 #부모교육 #관심과_기도지원

전체 교사 그룹의 다음세대 교회 사역을 위한 요구를 The Locus for Focus 모델을 활용하여 우선순위를 분석한 결과, 제1사분면에 포함되는 요구는 학생의 개인적 요인(참여, 관심 등), 성도들의 교회 교육에 대한 관심, 기도 활동이었다. 조사 대상인 전체 교사 그룹에서 영유아 및 초등학생 교사의 비율이 66.9%임을 고려하여 볼 때, 학생의 개인적 참여와 관심은 부모로서 기인하는 경우가 많다. 부모의 지도와 의사가 학생의 개인적 요인에 영향을 크게 미치기 때문이다. 이는 교회적인 지원과 교육이 뒷받침되지 않으면 변화되기는 어려운 일이다. 또한 성도들의 교회 교육에 대한 관심이나 기도활동도 교회적인 응원과 지원이 필요한 일이다. 따라서 교회는 다음세대를 위해 헌신하는 교사를 위해 적극적으로 지원할 수 있어야 한다. 교사는 미전도종족과 마찬가지인 학생들을 마주한 선교 최전선의 선교사와 같다. 교회는 교사를 위해 부모교육과 교회 전체가 다음세대 교육에 대한 관심을 불러일으키는 것에 집중해야 한다. 특별히 기도 활동을 통해 다음세대 교육을 지원하는 것도 잊지 말아야 한다.

중고등부 교사는 사회성을 노력하고 있다.

#청소년_사회성_발달 #교회학교에서도_배울_수_있다 #교사를_통해

중고등부 교사의 사회성 관리 영역을 The Locus for Focus 모델을 활용하여 우선 순위를 분석한 결과, 제1사분면에 포함되는 사회성 관리 영역은 없었다. 이는 미래 중요 수준과 현재 선호 수준간의 불일치 수준이 높은 것들이 기준 이상으로 나타나지 않았다는 것이다. 전체 교사 그룹에서는 '사회활동을 통한 사람들과의 교제'가 제1사분면으로 조사되었음을 생각해볼 때, 중고등부 교사는 전체 교사 그룹에 비해 사회성을 노력하고 있거나 이미 어느 정도의 사회성을 가지고 있다고 볼 수 있다. 청소년 시기는 사회성이 발달되는 시기다. 따라서 좋은 사회성을 가진 어른에게 배우는 것이 참 중요하다. 중고등부 교사는 어느 정도 사회성을 가진 것으로 조사되었지만 1사분면에 인접한 '사회활동을 통해 사람들과의 교제', '사회활동이 주는 삶의 활력', '공동체를 통한 안정감'의 부분을 더욱 노력함으로, 학생들에게 사회 속에 어떻게 살아가고 지내야 하는지를 먼저 경험하고 보여주는 교사가 되자. 속한 공동체의 모임이나, 기타 사교 모임을 통해 삶의 활력을 얻으며, 안정감을 누리는 방법을 배워가자. 사회활동 또한 하나님을 위한 일로 여기며, 사회활동을 통해 교회학교 교사로서 학생들에게 바른 사회성을 알려줄 수 있기를 노력하자.

중고등학생들에게 성 윤리를 가르칠 수 있는 교사가 되어라!

#청소년은_성에_대해_궁금 #성_윤리_답해주는_교사

중고등부 교사의 윤리(도덕)성 관리 영역을 The Locus for Focus 모델을 활용하여 우선순위를 분석한 결과, 제1사분면에 포함되는 윤리(도덕)성 관리 영역은 '윤리성에 대한 개인적 성찰'이었다. 윤리에 대해 개인적으로 공부하고 고민하는 시간이 필요하다는 결과 값이다. 특별히 중고등부 교사로서 윤리를 공부하고 고민할 때 성에 대한 고민과 배움이 필요하다. 청소년은 2차 성징이 발현되는 사춘기 시기를 지나며 성에 대한 고민과 질문이 많은 시기다. 특별히 이 시대의 악함과 음란은 청소년들의 성 윤리를 혼란시킨다. 성 정체성과 자기결정권을 비롯한 이 시대의 성 윤리에 대한 문제는 교회 내에서 뿐 아니라 사회적으로도 많은 어려움을 만들고 있다. 따라서 교회학교 교사는 성 윤리에 대한 적극적인 배움과 고민이 필요하다. 성 윤리를 위한 기본적이고 건전한 책으로 『성경이 들려주는 성 이야기』SFC라는 책이 있다!

습관을 가르칠 수 있는 습관을 가진 교사가 되자!

#습관이_영성이다 #등으로_가르치는_교사 #화이팅

중고등부 교사의 신앙 관리 영역을 The Locus for Focus 모델을 활용하여 우선순위를 분석한 결과, 제1사분면에 포함되는 신앙 관리 영역은 정기적인 기도, 규칙적인 성경 묵상이었다. 많은 교회학교 교사가 학생들에게 기도와 성경 묵상의 습관을 강조하고 가르친다. 그러나 결과를 보면 교회학교 교사에게 최우선적으로 요구되는 신앙 관리 영역이 '정기적인 기도'와 '규칙적인 성경 묵상'으로 조사되었다. 안타깝게도 인간은 나쁜 습관은 참 쉽게 물들고 좋은 습관은 지켜가기 어렵다. 교사들은 좋은 습관인 기도와 말씀 묵상에 더욱 힘을 쏟아야 한다. 조금만 쉬어버리면 지친 육체의 고단함과 다른 유혹에 경건의 시간을 뺏기고 말 것이다. 특별히 백 가지를 말하고 오십 가지를 살아내는 것보다, 한 가지를 말하고 한 가지를 살아내는 더 큰 신뢰와 깊은 가르침을 준다. 학생들에게 기도와 말씀을 강조하면서, 먼저 살아내는 교사가 되자. 입이 아닌 등으로 가르칠 때, 훨씬 더 큰 영향력이 있다.

학생의 마음을 얻는 교사가 되자!

#지속적인_진심 #사랑으로_기다리자 #마음을_여는_분께_기도하자

중고등부 교사의 다음세대 교회 사역을 위한 요구를 The Locus for Focus 모델을 활용하여 우선순위를 분석한 결과, 제1사분면에 포함되는 요구는 학생의 개인적 요인(참여, 관심 등), 기도 활동이었다. 그런데 중고등 연령대의 학생의 참여와 관심은 마음을 사야 한다. 좋은 간식과 재미있는 프로그램도 자기 마음에 들지 않으면 참여하지 않고 관심도 두지 않는다. 교회가 제공할 수 있는 간식의 수준과 프로그램의 수준은 한계가 있다. 부모님이 사줄 수 있는 고급 간식이나, 스마트폰이나 PC로 즐기는 게임의 재미를 따라가기는 어렵다. 중고등학생의 참여는 그들의 마음을 얻어야 가능하다. 자기 마음을 알아주는 친구나 교사가 있다면, 교회학교 행사에 참여할 가능성이 열린다. 중고등학생의 마음은 진심과 사랑으로 열 수 있다. 그리고 진심은 지속적이어야 한다. 주일에만 만나고 연락해서는 그들의 마음을 열 수 없다. 주중에도 연락하고 뜬금없이 찾아가 작은 간식이라고 건네주어야 한다. 무뚝뚝한 청소년들은 연락에 답이 없을 수도 있고, 간식에도 시큰둥할 수 있다. 그러나 지속적인 관심과 진심에 마음을 열 것이다. 사랑으로 기다려주자. 학생들에게는 진지한 조언보다 따뜻한 공감이 소중하다. 공감 속에서 교사들 속의 복음이 자연스레 학생들에게 흘러갈 것이다. 특별히 중요한 것은 기도다. 제1사분면의 항목에는 기도 활동도 포함되어 있다. 교사들은 지속적으로 학생들과 관계를 맺으며, 기도해야 한다. 사람의 마음을 여는 분은 하나님이시기 때문이다.

교사들이여! 멀티플레이어가 되자!!

#몸도_지성도_감성도_하나님께_영광 #내_몸도_마음도_주님의_것입니다

전체 교사 그룹과 중고등부 교사 그룹의 신체적, 지성적, 정서적 영역에 대한 요구도 조사를 분석해본 결과 모든 문항에서 4점대에 가까운 평균값을 가지고 있다. 이는 교사들이 각자의 선호도는 다르지만 문항의 모든 내용들이 교사로서 필요한 사항이라고 인지하고 있다는 뜻이다.

교회학교 교사들이라면 기도와 영성, 성경공부에만 탁월하면 될 것이라 생각하는 경향이 많다. 그러나 우리의 모습과 생활 속에서도 경건의 모습을 나타내어야 한다는 사실을 인지해야 한다. MZ세대는 자신이 관심 있는 분야에 깊게 파고드는 경향이 있다. 다이어트나 몸매 만들기에 진심인 중고생들에게 신체적인 관리로 그들의 관심을 사는 것도 사역에 도움이 되리라 생각한다.

이처럼 교사들은 생활, 습관, 지식, 교사의 자존감까지도 다음세대들이 보고 있음을 기억하며 몸도 마음도 주님의 것이자 다음세대의 멘토라는 사실을 기억하며 섬기자.

금주, 금연은 더 이상 다음세대 문제가 아닙니다.

#술과_담배는_몸에_안좋아요. #술과_담배는_다음세대에게도_안좋아요.

신체적(육체적) 관리에 있어서 현재 선호 수준과 미래 중요 수준에서 모두 금주, 금연을 통한 건강관리가 가장 선호하고 중요하다고 나타났다. 청소년들에게는 흡연과 음주가 호기심이었다면 교사들에게 있어서는 사회생활로서 어떻게 보면 더 현실적으로 다가오는 부분이다. 이것은 개인의 신체적 관리에 대한 위협이자 다음세대의 신앙에도 적신호가 된다.

금주, 금연은 한국 기독교 역사 속에서는 나라의 흥망과 신앙인의 경건에 대한 자발적 신앙운동이었다. 신앙과 교회, 나라를 생각하는 마음을 다음세대에 행동으로 잘 물려줘야 할 것이다.

교사도 금쪽 처방이 필요해요!!

#외유내강, #마음을_강하게, #지킬만한_것_중에_마음을_지키라 #교사_금쪽처방_필요

교사의 정서적 관리 영역은 현재 선호도와 미래 중요도 우선순위가 평균 4.31으로 나타났다. 모든 문항에 5점 척도에 4.3이라는 숫자는 교사들이 정신적 관리를 얼마나 중요하게 생각하는지를 알 수 있다. 개인 분노 조절부터 불안, 사역 내 집중력, 자신감, 자존감, 긍정적 인식 평정심, 개인문제해결력 관리 모두 정말 중요한 부분으로 인식하고 있다.

교회는 이런 교사들의 목소리를 들을 필요가 있다. 각 부서 사역을 감당하는 교사들이 무너지지 않도록 교사 개인을 돌아보고 그들의 정서적 목소리에 귀를 기울이며, 상담 내지 특별한 세미나, 적절한 교사 심방을 통해 위로를 전하고 새 힘을 얻도록 도와야 할 것이다.

교사들에게 문제해결 능력이 절실히 필요하다.

#MZ세대, #알파세대, #너무어려워, #이럴_때_어떻게_해요?

교사 정서적 관리 영역을 The Locus for Focus 모델을 활용하여 우선순위를 분석한 결과 1사분면에 포함된 것은 "개인의 문제해결력 관리"이다. 교사들이 현재도 선호하고 미래에도 중요하다 여기지만 실행되지 않는 부분이 "개인의 문제해결력 관리"라 여기고 있다는 뜻이다.

두 가지를 추론해 볼 수 있다. 앞으로 다음세대에 문제가 커지고 많아질 것이라는 추측으로 문제해결능력이 더 필요할 것이라고 답변하는 것이고, 또 다른 것은 교사가 본인의 문제를 포함한 사역적인 문제 해결이 잘 되지 않음을 느끼고 있다고 볼 수 있다.

교사는 세대의 이해, 시대의 분별과 성경적 지식, 영성을 겸비하여 다음세대 상담자, 조력자, 멘토가 될 수 있도록 노력해야 한다. 하지만 능력으로 해결되기보다는 먼저는 "열정"이 있어야 한다. 문제의 해결자는 하나님이시기에 순종과 포기하지 않는 마음으로 섬겨야 한다. 교회 역시 교사의 역량강화와 열정 회복을 위해 지원하고 애를 쓸 필요가 있다. 여러 세미나 및 교사교육으로 사역의 열매가 가득한 교사가 되도록 도와야 할 것이다.

독서와 나눔을 통한 성장을 추구하자.

#책책책책을_읽읍시다, #읽은_책을_소개해주세요, #지식적_나눔

교사들은 어디에서 배워갈 수 있을까? 무엇으로 가르칠 수 있나? 삶에서 배우고 삶으로 가르치는 것이 참 좋다. 삶을 올바르게 살기 위해선 무엇이 필요할까? 많은 것으로 말할 수 있겠지만 교사들이 이구동성으로 말하는 것은 "규칙적인 독서 활동"과 "동료들과 정례적인 사역관련 스터디 활동"이었다. 교사로서 잘 세워지기 위해서 "독서와 나눔"이 필요하다.

교회 내에서 나눔을 하다보면 늘 감정적 나눔, 삶의 고민 나눔이 대부분이다. 이제는 지성적 나눔을 통해 성장할 필요가 있다. 그러기 위해선 공동체 차원에서 책을 정하고 책 나눔 모임을 시작해야 한다. 배움이 바른 신학과 바른 신앙으로 바른 다음세대를 세워갈 것이다.

중고등부 교사들에겐 전문기관의 도움이 필요하다.

#알려줘요_MZ세대, #알파세대등장, #악도_없는_중2병, #도와줘요.

전체 교사의 지식, 교양관리 영역에서 최우선적으로 요구되는 것을 The

Locus for Focus 모델을 통해 보면 "동료들과의 사역관련 스터디 활용", "규칙적인 독서활동", "멘토를 통한 학습활동"을 요구하고 있다. 하지만 중고등부 교사들의 통계를 보면 앞의 두 항목은 같이 요구하고 있으나 "멘토를 통한 학습활동" 대신 "기관 및 단체의 교육세미나 참여 활동"을 선호하는 것으로 나타났다.

청소년들은 시기적으로 볼 때 육체적, 정신적인 성장이 빠르게 진행된다. 이런 청소년들을 담당하는 중고등부 교사들이 그들의 문화, 개인 성향, 신앙적인 필요들을 알아내기란 쉽지 않다. 설령 알아내더라도 금방 변해버리는 청소년들에게 적응하기란 더욱 어렵다. 그런 필요를 알아서일까, 중고등부 교사들이 원하는 것은 "전문기관"이 알려주는 "전문성"이다. 청소년 분야를 담당하는 SFC나 총회교육원, 고신대학교 등의 노력이 절실히 요구되며 이 기관들의 활용을 높일 수 있는 장을 많이 마련함으로 중고등부 교사들의 사역 지식적 갈증을 해결해 주어야 한다.

야식, 사역에 득(得)? 사역에 독(毒)?

#치킨_피자_떡볶이_족발_삼겹살_햄버거_콜라_사이다. #맛있게_먹으면_0칼로리?

야식은 사역에 득이 될까? 독이 될까? 청소년, 청년들을 만나다보면 야식은 거의 필수적으로 여겨질 때가 있다. 부서의 부흥은 사역자의 몸무게와 비례해야 하는 것일까? 야식을 먹지 말라고 말하는 것은 아니다. 다만 절제할 필요가 있음을 제시한다.

전체 교사의 신체적(육체적) 관리 영역을 The Locus for Focus 모델을 활용하여 우선순위를 분류해서 보니 "늦은 밤 자기 전에 야식 절제" 부분이 가장 필요하고 지금 안 되는 부분이라고 나타났다. "절제"는 성령의 아홉 가지 열매에도 포함되어 있는 부분이기에 건강을 넘어 생활 면에서 "절제"의 생활을 하도록 노력해야 한다. 또한 개인 건강을 위해 야식 절제가 필요하겠지만 사역적 측면에서 볼 때도 밤늦게 어떤 사역을 하기보다는 빠른 귀가로 바른 생활을 위한 교육도 필요하겠다. 특히 토요일 저녁에는 사역적으로도 야식은 독毒이 되니 절제함으로 주일을 거룩히 지키는 교사와 다음세대가 되길 바란다.

[대학생 영역]

교회 공동체 내 교제의 회복이 절실하다.

#나혼자_산다_NO #더불어_산다 #교제의_회복

대학생의 사회성 요구도에 대한 우선순위를 분석했을 때 '사회활동을 통해 사람들과 교제'와 '공동체 내 개인적 가치와 의미'가 1사분면을 차지했다. 이는 미래에도 중요하지만 현재에는 충분히 공급되지 못하거나 수행되지 못하고 있다는 의미이다. 코로나의 장기화로 캠퍼스 및 교회에서 실시하는 다양한 행사에 참여할 기회가 적었던 대학생들은 '다양한 사회활동 참여'를 최우선적으로 요구하고 있다. 그러므로 코로나 직격탄을 맞은 현재의 대학생들에게는 더 늦기 전에 다양한 사회 활동에 참여할 수 있는 기회의 장이 시급하다. 한동안 가지지 못했던 연합 수련회, 청년부 MT, 비전트립, 캠퍼스 내 기독동아리 활동과 같은 다양한 교제의 장을 통해 일시적으로 중단되었던 이들의 다양한 사람들과의 교제를 회복시킬 필요가 있다. 더불어 '사회활동을 통해 사람들과의 교제'와 '공동체 내 개인적 가치와 의미'가 함께 1사분면을 차지한 것을 짐작해 보았을 때, 이들은 다양한 사회활동 속에서 자신의 가치와 존재 의미를 발견하고자 한다는 것을 알 수 있다. 청소년과 청년의 시기는 공동체 안에서 자신의 정체성과 존재 가치를 발견해야 하는 매우 중요한 시기다. 공동체를 위해서는 어떤 희생도 감수하고, 순종하고, 자신을 드러내지 않는 것이 미덕이던 기성세대와 달리, MZ세대는 다수 안에서도 자신의 존재감이 분명히 드러나야 하고, 타인에게 인정받는 것에 목말라하는 세대다. 특별히 교회 공동체는 이들의 거울이 되어주어야 한다. 자신의 존재 가치와 의미를 발견하여 공동체의 일원으로 자연스럽게 스며들 수 있도록 도와야 한다. 특별히 현재 선호도 결과로 '공동체를 통한 안정감'을 느꼈다는 응답이 가장 많았던 것을 보았을 때, 팬데믹 상황에서도 공동체가 주는 안정감과 소속감이 컸던 것을 알 수 있다. 무엇보다도 낙심과 절망에 빠진 다음 세대들을 격려하고, 위로하는 안식처와 같은 교회 공동체를 만들어가는 노력이 필요하다.

말씀에 대한 깊은 묵상으로 내면을 돌아보도록 도와야 한다.

#말씀으로_나아가는_길 #나에게_더_가까워지는_길

대학생 윤리(도덕)성 요구도에 대한 분석을 살펴보면, '윤리성에 대한 개인적 성찰'이 1사분면에 위치하고 있음을 확인할 수 있었다. 팬데믹 속에서 대학생들은 학교를 가지 않고, 홀로 지낸 시간이 절대적으로 많았다. 모든 일상이 잠시 중지되어 시간적 여유가 생겼음에도 '개인적 성찰'에 대해서 현재 충분히 만족하지 못하고 있다는 응답 결과가 나왔다. 신앙생활 요구도 조사에서 '정기적인 기도', '규칙적인 성경 묵상'이 1사분면을 차지한 것으로 미루어 보았을 때, 이들이 주어진 시간을 어떻게 채워왔는지 추측해볼 수 있다. 일상에서도 '정기적인 기도'와 '규칙적인 성경 묵상'에 대한 중요성을 충분히 인식하고 있지만 실천이 되지 않는다고 응답했다. 코로나 이후로 청소년과 대학생의 미디어 사용이 급증했다는 연구 결과들을 통해 알 수 있듯이 이들은 주어진 시간을 균형 있게 사용하여 '개인적인 성찰'과 '신앙의 성장'을 위한 시간으로 보내기 어려웠을 것이다. 이제는 코로나로 인해 흐트러졌던 몸과 마음을 잘 가꾸어 나가야 한다. 말씀을 깊이 묵상함으로 내실을 더욱 단단하게 다져서 그리스도의 장성한 분량에 이르도록 힘써야 한다. 이를 위해서 성경에 대한 깊은 묵상을 통해 하나님과의 깊은 교제의 시간과 내면을 가꾸는 것이 필요하다. 더 나아가 교회 내의 성경 공부 모임을 시작해보는 것도 좋은 방법이다. 혼자서는 어렵지만 함께라면 할 수 있다. 코로나로 인해 끊어진 일상 신앙을 꾸준한 경건생활을 통해 공동체적으로 함께 회복하는 것이 필요하다. 같은 캠퍼스를 다니거나 비슷한 지역에 사는 교회 지체들끼리 시간을 정하고 모여서 『날마다 주님과』와 같은 QT교재를 활용하여 본문을 묵상하고, 함께 기도 제목을 나누는 모임을 가지는 것도 추천하는 바이다.

과거에도 지금도 앞으로도 예배는 중요하다.

#팬데믹에도_변하지_않는 #공예배의_가치 #힘써_지켜나가자

대학생의 신앙생활 요구도 조사에서 대학생들은 현재 선호도와 미래 중요도에서 모두 '규칙적인 예배'에 대해 응답한 것을 주목할 필요가 있다. 이들은 코로나 시대를 겪었음에도 변함없이 '규칙적인 예배'를 중요하다고 인식하고 있다는 것이다. 코로나 시대에 들어서면서 비대면 예배, 온라인 예배, 방구석 예배 등 예배에 대한 다양한 신조어들이 많이 생겨났을 정도로 기존의 공예배에 대한 인식과 견해가 성도들 개인마다 다양해졌다. 특히나 다음 세대들이 공예배에 대해 가지는 중요성과 관심이 이전보다 약해졌을 것이라고 생각했지만 오히려 이들은 규칙적인 예배에 대해 지금도, 앞으로도 중요하다고 인식하고 있다.

하지만 이전과는 다르게 접근해야 한다. MZ세대는 무조건적 순종을 요구하는 방식으로 접근해서는 설득당하지 않는 세대이다. 공예배의 중요성과 의미, 주일 성수에 대해 처음부터 차근차근 교육할 필요가 있다. 사회적 거리두기로 인해 '홀로'가 더 익숙해진 이들이 개인주의적인 신앙생활에 갇히지 않도록 도와야 한다. 무엇보다도 예배의 기쁨을 회복해야 한다. 세상의 어떤 즐거움보다 예배의 자리가 하나님과의 교제의 기쁨을 누리는 자리가 될 수 있는 방법을 고민해야 한다. 이런 맥락에서 공예배 후 소그룹 모임을 통해 주일 설교를 함께 묵상하고, 나누며 곱씹어보는 것이 필요하다. 주중에 청년들과 함께 모여서 지난 설교를 되짚어보며 함께 묵상하는 모임을 가지는 것도 좋은 방법이다.

높은 전도의 장벽을 깨트릴 수 있도록 도와야 한다.

=#전도 #아는_것을_넘어서 #고백함으로

신앙생활 요구도 조사에서 대학생들에게 '정기적인 전도'가 선호하지 않고, 중요하게 여기지 않는 신앙활동으로 인식되고 있었다. 실제로 현장에서는 코로나 상황 속에서 낯선 외부인에 대한 경계가 더욱 심해져 캠퍼스에서 노방전도를 하는 사람들의 모습을 더욱 찾기 어려워졌고, 비신자들에게서 종교에 대한 거부감이 심하다보니 '복음'에 대해 입을 열기가 더욱 어려워져 가는 시대이다. 대학생들의 수준에 맞는 전도에 대한 교육을 개발하고 전도에 대한 훈련이 필요하지만 무엇보다도 앞서 '복음'에 대해 바르게 알 필요가 있다. 이를 위해 전국SFC대학생대회에서 초신자들과 '복음'에 대해 더 알고 싶은 자들을 대상으로 열리는 '복음학교'를 통해 '복음'에 대해 깊이 배우고, 고민하고 생각하는 시간을 가져보면 큰 유익이 될 것이다. 더 나아가 대학생들에게는 단순히 '복음'을 듣고 이해하는 것을 넘어서 자신의 언어로 '복음'을 고백하는 훈련이 필요하다. 이를 위해 SFC에서 매년 개최하는 '전도 여행'에 참여해보는 것도 큰 도움이 될 것이다. '전도'와 '복음'에 대한 강의도 듣고, 실제적으로 인근에서 직접 노방전도 실습을 해보면 어렵게만 여겼던 '전도'에 대한 담력이 쌓이는 기회가 될 것이다. 그 외에도 SFC에서 개발한 전도카드 'GD카드'를 통해 개체 교회에서는 '복음'에 실제적으로 대해 말하고, 전하는 훈련을 진행해보는 것도 제안해본다.

말씀으로 시작하는 건강한 습관이 건강한 육체를 만든다.

#바른 생활_규칙적인 삶 #아침모임

대학생의 신체적(육체적) 관리 영역에 대한 결과를 보면 '일정한 시간에 잠들고, 일정한 시간에 깨어 일어남을 통한 수면 관리'가 미래 중요도 1순위로 나타나고 있다. 중요도에 비해 잘되지 않는 영역에 속해 있기도 하다. 규칙적인 생활이 필요하다고 느끼지만 잘되지 않는다는 것이다. 이를 극복하기 위해 혼자가 아닌 함께 할 수 있는 규칙적인 모임을 만들 수 있다. 새벽기도나 그것이 어렵다면 아침 모임을 가지는 것으로 일찍 일어나야 하는 모임을 만드는 것이다. 혼자보다는 여럿이서 하는 모임이 될 때 규칙적인 생활을 잡아갈 수 있다.

속해 있는 학교에서 마음이 통하는 친구들과 함께 아침 기도모임을 만들 수 있다. 선교단체에서 진행하는 아침 모임에 참여하는 것도 가능하다. 이런 모임들이 규치적인 습관을 가지는 데 도움이 될 수 있다.

지금은 디지털 시대이다.

#전자기기_내 친구 #스마트폰 절제_왜?

스마트폰과 컴퓨터, TV 등 전자기기 절제에 대한 요구도가 높게 나왔다. 이것은 현재에도, 미래에도 전자기기에 대한 절제가 중요하지 않게 생각되고 있다는 것이다. MZ세대는 태어나면서부터 디지털에 익숙한 세대이다. 이미 없어서는 안 되는 존재가 되어 버렸다. 그렇다면 무조건적인 디지털 사용 절제가 이들에게 쉽게 이해되지 않을 수 있다. 이런 세대의 특징을 이해할 필요가 있다.

이들에게 디지털은 절제해야 하는 나쁜 것이 아니다. 그렇기에 디지털기기 사용에 대한 다른 접근이 필요하다. 문제가 있는 부분은 무엇이 문제인지부터 가르쳐야 한다. 디지털과 친한 이들을 교육하기 위해 디지털을 활용하는 것이 효과적일 수 있다. 이들을 이해하며 디지털에 대한 고민을 할 때이다.

책책책 책을 읽읍시다!

#교양_책 #마음의 양식 #성경읽기

대학생에게 책은 교양을 키워가는 데에 중요한 도구로 인식되고 있다. 교양 관리에 대한 요구도 결과에 따르면 세미나, 온라인으로의 교육, 자기 계발을 위한 해외 연수 활동보다도 규칙적인 독서 활동이 더 교양을 쌓이게 한다고 인식하고 있다. 온라인 교육이 활발하게 진행되고 익숙한 시대이지만 여전히 교양 관리에 있어서는 규칙적인 독서가 필요하다고 여기고 있는 것이다. 이런 결과를 참고하여 교회에서 작은 도서관을 운영할 수 있다. 독서 모임을 만들어 함께 책을 읽고 나누는 시간을 가질 수 있다. 이를 기반으로 성경을 읽고 나누는 것도 가능하다.

날마다의 은혜로 회복되는 삶

#멘붕 #지속적인 멘탈 관리 #회복_공동체_기독교 동아리

　대학생의 정서 관리 영역에 대한 요구도 조사 결과는 '일상생활 중 자신감 회복'이 중요한 위치를 차지하고 있음을 보게 된다. 현재선호도에서도 1순위를, 미래중요도에서도 2순위를 차지하고 있다. 미래 중요 수준과 현재 선호 수준 간의 불일치에 대한 부분도 '일상생활 중 자신감 회복'이 1사분면에 위치하여 중요함을 느끼지만 잘되지 않는 부분으로 인식되고 있다. 이는 일상생활 중 소위 '멘붕'의 상태에 빠질 때가 있고, 이를 극복하는 일이 그들에게 필요하다는 것을 알 수 있게 한다. 이런 어려움을 이기기 위해서는 먼저 자신의 상황을 빠르게 인식하는 것이 필요하다. 이를 위해 자신의 상황을 알아볼 수 있는 공동체에 속하는 것이 하나의 방법일 것이다. 이런 점에서 학교 내 기독교 동아리에 속하는 것을 추천한다.

　우리의 궁극적인 회복은 결국 하나님 안에서 자신이 어떤 존재인지를 아는 것이다. 영원한 사랑으로 늘 함께 계시는 하나님을 의식하는 것이다. 기독교 동아리를 통한 기도모임, 경건회가 이를 가능하게 한다. 정서적인 안정을 위해 말씀으로 자신을 돌아보게 하는 공동체를 통하여 날마다의 은혜를 누리는 것이 필요하다.

[청소년 영역]

코로나 블루 기독청소년들이 참여할 수 있는 내실 있는 성경 프로그램 필요

#성경_#성경 프로그램_#하나님의말씀

코로나 블루 기독청소년들이 참여할 수 있는 내실 있는 성경 관련 프로그램 및 활동이 이루어질 필요가 있다. 신·구약 성경은 정확무오한 하나님의 말씀으로서 하나님께서는 자기 백성들에게 자기 뜻을 계시하시고, 교회를 확실하게 세우고 위로하실 목적으로 이를 기록하셨다.[4] 성경과 하나님의 말씀은 그리스도인의 삶에 있어서는 절대적인 것이며, 신앙과 생활의 유일한 법칙이다. 이러한 성경에 대한 기독청소년들의 요구와 강력한 요청은 '하향 평준화'되고 있는 청소년 신앙교육에 대한 경고이기도 하며, 말씀이 중심된 본질적인 신앙양육과 활동이 시급하게 이루어질 필요가 있음을 시사하는 대목이다. 이에 교회 교육기관에서는 청소년들의 눈높이에 맞는 성경 접근과 전략을 구성하여 의미 있게 성경 읽기와 성경공부 활동을 구성할 필요가 있을 것이다.

코로나 블루 기독청소년들을 위한 기도생활 강조

#기도_#기도생활_#영성회복

코로나 블루 기독청소년들을 위한 기도생활 강조와 영성 활동이 이루어질 필요가 있다. 하이델베르크 문답 116문(45번째 주일)에서 기도는 하나님께

---

4. 대한예수교장로회 고신총회, 『헌법』(제1부 교리표준: 웨스트민스터 신앙고백서 제1장 성경) (서울: 대한예수교장로회 총회출판국, 2011), 39.

서 우리에게 요구하시는 감사의 주요 부분5으로서 그리스도인에게는 꼭 필요한 내용임을 강조하고 있다. 코로나 블루로 인해 삶의 균형이 무너진 청소년들은 기도를 통해 하나님과의 인격적인 관계와 깊은 영성을 갈망하고 있음을 예상케 한다. 이에 교회 교육기관에서는 청소년들을 위한 실제적인 기도 활동 및 수행을 위한 접근들이 이루어질 필요가 있으며, 이 과정에서 신학적으로 건강한 기도에 대한 개념과 교육도 수행될 필요가 있을 것이다.

코로나 블루 기독청소년들에 대한 예배 회복 강조

#예배_ #예배생활_ #예배회복

코로나 블루 기독청소년들에게 예배 회복을 강조할 필요가 있다. COVID-19는 전통적인 예배의 형식을 변화시켰으며, 대면에 기초한 예배 진행 자체를 힘들게 하였다. 이로 인해 사역현장에서는 예배와 그 속에 포함된 성례에 대한 의미가 약화되고 있음을 우려하고 있다. 하지만 예배는 찬양, 기도, 성경봉독, 하나님의 말씀 선포와 같은 방편을 통해 하나님께 드리는 존경과 경의6이며, 그리스도인으로서 하나님의 은혜에 보답하는 대표적인 행위로서 소홀히 다루어질 수 없는 소중한 사항이다. 이러한 예배는 무소부재한 하나님 앞에서 언제 어디서든지 예배할 수 있으나 성별된 장소에서 주님께서 부활하신 주의 날에 함께 모여 예배하는 것이 마땅하다. 그러므로 코로나 블루 청소년들이 예배 참여에 대한 열망이 있음을 기억하고, 그들이 합당한 예배자로서 회복될 수 있도록 교회 교육기관들은 예배를 소홀히 여기지 말고 예배 사역에 더욱 집중해야

---

5. 황대우 편역, 『문답식 하이델베르크 신앙교육서』(부산: 개혁주의학술원, 2013), 155.
6. Malcolm H. Watts, *What is a Reformed Church?* (윤석인 역, 『개혁교회란 무엇인가』. 서울: 부흥과 개혁사, 2013), 65.

할 것이다. 이 과정에서 필요하다면 한시적/제한적으로 비대면을 활용한 접근들도 적극적으로 다루어질 수 있을 것이다. 또한 대면적인 측면도 정부와 당국의 지침에 최대한 협력하면서 기독 신앙의 핵심으로서 예배에 대한 분명한 인식을 잊지 말고 사역해 나가야 할 것이다. 이와 관련하여 청소년들을 위한 예배 매뉴얼과 지침들이 심도 있게 연구될 필요가 있을 것이며, 더불어 예전 Liturgy과 관련된 논의도 교육적인 측면을 고려하여 더욱 심층적으로 다루어질 필요가 있을 것이다. 특히 예배 참여를 통한 전인적인 신앙 형성의 의미[7]를 기억할 때 이는 더욱 시급히 요청되는 것이며, 다음세대의 신앙 형성을 위한 예배의 회복과 참여는 양보할 수 없는 요소이다.

---

7. 문화랑, "개혁주의 교육 방법: 교리교육과 예배참여를 통한 전인적 신앙 형성," 「개혁논총」 53(2020), 147-170.

부록 1
2021년 version Creative Ministries 2025 for the YOU.T.H

Creative Ministries 2025 for the YOU.T.H No.1
"YOU: your church(청소년사역 및 교회사역 방향)"

> 청소년들의 신앙생활만족도 개선을 위한 활동이 요청된다.

#코로나19_위기 #신앙생활만족도_개선 #인력충원

청소년들의 신앙고백 수준은 주요 항목에 있어 4점대 이상의 분명한 인식을 보이고 있으나 자신들의 신앙생활에 대한 전반적인 만족도는 상대적으로 낮음을 확인할 수 있다. 이는 청소년들이 겪고 있는 코로나19와 관련된 신앙생활의 상황을 고려할 때 이해할 수 있다. 코로나19 이후 대면예배의 위협, 교회공동체 내 교제의 어려움, 기관 프로그램과 제자훈련 등 다양한 수준의 신앙활동의 제한이 영향을 주었을 것이다.

그러므로 교회 현장의 사역자들과 청소년 관련 교사들은 청소년들의 신앙고백을 고려하여 내실 있는 신앙적 활동을 추구해야 하며, 점진적으로 신앙생활 만족도 개선을 위해 힘써야 할 것이다. 이를 위하여 온라인 활동을 계획적으로 수행하여 내실 있는 활동으로 구성하는 것은 의미가 있을 것이며, 해당 사항을 지원하는 교사와 인력들이 보충된다면 더욱 효과적일 것이다.

홈스쿨링과 대안학교가 제시하는 신앙교육적 가치들을 살펴야 한다.

#홈스쿨링_&_대안학교 화이팅! #부모와의_소통_유대감 #기독교교육

코로나19 신앙생활 변화 인식 중 학교급에 따른 신앙적 변화 인식 차이에 따르면 홈스쿨링이나 대안학교의 청소년들이 공교육의 체제에 있는 친구들보다 안정적인 경향성을 확인 할 수 있었다. 이는 홈스쿨링과 대안학교가 가지고 있는 교육환경과 사역 방안들이 코로나19의 상황 속에서 효과성이 있었음을 의미하는 것이며, 이와 관련 의미들은 교회현장과 다양한 수준의 청소년 사역자들에게 시사하는 바가 있다고 판단된다. 특별히 부모와의 소통을 통한 정서적 지지기반과 유대감, 기독교교육을 기반으로 하는 교육의 방향성 등은 홈스쿨링과 대안학교의 주요한 사역적 활동이기에 유의미한 영향력을 미친 것으로 예상된다. 이에 교회 현장의 사역자들은 공교육에서 충분하게 다루기 어려운 부모와의 소통와 신앙적 유대감과 같은 항목들에 집중하고, 기독교교육적인 측면에의 내실 있는 부모 교육도 수행될 필요가 있을 것이다.

청소년의 교제에 대한 갈증을 다른 교제의 장을 통해 충족시켜줄 수 있어야 한다.

#피할_수_없다면 #즐겨라 #온라인_예배_더하기 #온라인_교제

청소년들이 인식하는 '코로나19가 개인의 신앙생활에 미친 영향'의 가장 높은 지표는 '교회모임이 줄어들어 교제를 못해 아쉽다'였다. 실제로 청소년들은 코로나19로 인해 친구들과 함께 있는 시간이 줄어들었으며, 더욱 교제와 관련된 갈증을 가지고 있을 것이다. 코로나19로 인해 비대면 모임이 진행됨에 따라 교제가 불가능해졌다고 생각할 수 있지만 현재 교회 현장에서는 다양한 방식을 활용한 교제들이 이루어지고 있다. 화상채팅을 비롯한 온라인 교제의 방식을 수행하고 있으며, 학생들의 교제에 대한 가치와 의미를 놓치지 않기 위해 노력하고 있다. 교회현장의 관심이 온라인 모임 시 수행되는 예배에만 초점을 맞추는 것이 아니라, 교제의 부분에도 관심을 가지고 온라인 교제 모임, 레크레이션, 나눔 카드를 활용한 교제, 온라인 생일파티 등의 시간을 만들어주어 교회 친구들을 만나지 못해도 신앙 안에서 함께 교제를 나누고 있음을 인식시키고 유지해주어야 할 것이다.

교회 규모별 특성을 고려한 신앙 활동의 전략을 구성해야 한다.

#교회_규모별_ 특성 #큰교회는_교제중심 #작은교회는_의미중심

코로나19의 상황 속에서 교회 규모에 따른 청소년들의 특징적인 요소들이 도출되었다. 예를 들어 100명 이상의 청소년부에 소속된 청소년들은 코로나19 이후 교회 모임과 교제에 관련한 어려움을 호소하였다. 그에 비해 10명 미만의 청소년부에 소속된 청소년들은 코로나19 이후 교회 활동이 줄고 시간 여유가 생겨 좋다는 평가를 내리고 있다는 것이다. 물론 해당 사항이 교회가 지니고 있는 맥락적인 차이에서도 연유할 수 있지만 교회 규모에 따른 특성을 고려하여 좀 더 청소년들의 상황에 맞추어 사역 전략을 세울 필요가 있음을 시사하는 대목이기도 하다. 구체적으로 청소년 사역에 있어서 큰 규모를 가진 교회는 학생들 사이의 교제를 중심으로 사역을 하는 것이 필요하고, 더 나아가서 교회 생활이 교제에만 머무르지 않도록 사역을 보완할 필요가 있다. 10명 미만의 교회에서는 학생들의 교회 활동에 대한 부담을 줄여줘야 하고, 신앙 관련 의미 있는 활동들에 집중하여 시간 낭비라고 생각하지 않도록 노력해야 할 것이다.

교회와 청소년 전문 사역 기관과의 연계가 필요하다.

#Teen해지길바라 #친화력업그레이드 #청소년_전문_사역기관

　코로나19의 상황 속에서 청소년들의 인식을 통해 교회와 학교 사역의 연계가 좀 더 긴밀하게 연계될 필요성을 확인할 수 있었다. 청소년들은 교회 내의 제한된 활동과 상황에 아쉬움을 보이고 있었으며, 이와 관련된 신앙적 활동의 확장들이 이루어질 필요가 있을 것이다. 해당 상황 속에서 학교 사역을 수행하고 있는 다양한 선교단체나 그룹들의 참여와 연계가 필요할 것이다. 예를 들어 교회가 청소년들을 위한 활동을 모두 감당할 수 있는 것은 아니기에 청소년 전문 사역 기관들과의 연계를 의미가 있을 것이다. 예를 들어 청소년들이 Teen SFC 훈련에 참여하는 것을 지지하여 교회 내 청소년 공동체를 세워갈 수 있는 리더십을 갖추는 데 도움을 줄 수 있으며, Teen SFC 활동을 통해 청소년들이 신학적으로 안전한 교회 밖 그리스도인 공동체에 익숙해질 수도 있을 것이다.

청소년들은 자신의 신앙에 있어 학부모의 영향력을
높게 인식하고 있음을 기억하자.

#가장좋은_교사 #학부모 #부모와_함께하는_신앙프로그램

　청소년들은 신앙에 가장 큰 영향을 주는 존재로서 학부모를 가장 높게 인식하고 있었다. 이는 청소년들이 학부모의 신앙적 관심과 태도에 영향을 받고 있음을 시사해주는 것이며, 학부모들의 신앙교육에 올바른 접근이 요청됨을 보여주는 것이다. 개혁신앙 안에서 자녀들을 향한 신앙교육의 책임은 무엇보다 부모에게 있다. 하지만 안타깝게도 현재 청소년 사역의 모습은 자녀의 신앙을 부모가 책임지는 것이 아니라 담당 교역자 혹은 교회학교 교사가 떠안은 형국이다. 학부모가 자녀들의 신앙교육에 참여할 수 있도록 인식을 변화시킬 필요가 있으며, 자녀들의 신앙 성장을 위한 부모의 역할을 지원해주어야 할 것이다. 이와 관련하여 구체적으로 학부모들이 교회교육 기관의 활동과 프로그램들을 공유할 수 있도록 제도적으로 지원해주고, 실제적인 참여의 장도 확보하여 신앙양육을 위한 행보를 함께 할 수 있도록 해야 할 것이다. 또한 학부모들의 신앙적인 활동이 우선순위가 될 수 있도록 성경적인 자녀양육 프로그램도 구성하여 제공할 필요가 있을 것이다.

> 청소년들은 전도를 부담스러워하고 있어 이에 대한 개선전략이 요청된다.

#전도 #필요하지만 #너무_먼_그대 #이제는_사랑하리

청소년들에게 있어 전도활동은 선호되지 않는 신앙활동으로 인식되고 있었다. 학교의 문화와 기독교의 이미지에 있어 전도가 쉽지 않음을 예상케 하는데, 이와 관련된 개선 전략이 강력하게 요청된다. 왜냐하면 복음 전파와 실제적인 전도 활동은 성숙한 그리스도인으로서 구현해야 할 주요한 신앙적 요소이기 때문이다. 이와 관련하여 교회현장에서는 구체적으로 전도에 대한 교육과 프로그램 개발이 필요하고, 이를 통해 전도에 대한 필요성을 인지시키고, 전도를 통해 신앙의 성장과 복음전도자로서 누리는 은혜를 느끼게 할 필요가 있을 것이다. 이는 청소년들의 전도 선호도에 대해 유의미한 변화를 만들어내는 데 기여할 수 있을 것이다.

> **청소년들의 신앙생활 만족도 개선을 위한 노력이 요청된다.**

#믿음이 #만족으로 #함께_삶으로_살아보기

청소년들의 신앙고백 수준은 대부분 4점 이상으로 명확한 인식을 수행하고 있었지만 신앙생활에 대한 전반적 만족도에 있어서는 보통수준의 인식을 보이고 있었다. 이는 자신의 신앙고백적 수준과 삶 속에서의 신앙생활 만족도에 있어 다소 불균형적인 요소가 확인되는 부분이다. 청소년들은 진리에 대한 지식뿐만이 아닌 실천적 방법과 공동체의 깊은 교류 속에서 전반적인 신앙생활에 대한 은혜와 기쁨을 누릴 수 있어야 하며, 교회와 사역자들은 이를 의미 있게 수행할 수 있도록 도와주어야 할 것이다.

> **오프라인과 온라인의 조화를 추구할 수 있는
> '청소년 맞춤형 사역 플랫폼' 개발이 요청된다.**

#오프라인_온라인 #사역_플랫폼 #새로운_신앙교육환경

온라인 체제 속에서 청소년들의 생활패턴은 급격하게 변화하고 있으며, 특별히 코로나19의 상황은 이를 더욱 가속화시켰다. 교회사역은 해당 변화의 흐름에 탄력적으로 대응해야 할 것이며, 대면 사역을 근간으로 비대면 사역을 추가 및 병행해야 할 것으로 판단된다. 대면의 장점과 비대면의 장점을 모두 활용하여 신앙교육의 효과성을 담보할 수 있는 체제로 나아가야 하는 것이다. 특별히 비대면 활동의 추가는 학생들의 특성과 수준을 고려한 '맞춤형 신앙교육'의 가능성을 열어주었다고 볼 수 있으며, 학생들의 신앙 수준별로 교회 교육 콘텐츠와 주제들을 제공할 수 있게 되었다. 학생들로서는 자신들의 상황과 관련된 엄선된 다양한 신앙 자료와 콘텐츠를 좀 더 손쉽게 누릴 수 있는 상황이 된 것이다. 그러므로 사역현장에서는 오프라인과 온라인의 조화를 추구할 수 있는 사역 플랫폼을 구성하고 개발할 필요가 있을 것이다. 이와 관련하여 개체교회의 활동을 넘어 각 교단과 교육전문기관의 지원도 필요할 것으로 판단된다.

> **청소년들의 실제적인 삶과 연계된 교회교육이 추구될 필요가 있다.**
> #삶과_연계된_교회교육 #실천적_역량

청소년들은 교회교육이 자신의 신앙생활과 교회생활에 영향을 주고 있다고 인식하고 있으나 상대적으로 교우관계나 진로 결정 같은 삶의 영역에 대해서는 인식의 수준이 낮았다. 이는 교회교육과 관련된 청소년들의 인식이 자신들의 교회생활과 신앙적 활동에만 국한되는 경향성을 시사하는 것이다. 해당 사항은 실천적 역량을 갖춘 신앙세대를 키워야 할 교회교육 영역의 큰 숙제를 던지고 있다고 판단된다. 교회교육은 청소년들이 실제적인 삶을 성경적 원리와 기독교세계관에 입각하여 영위할 수 있도록 하는 데까지 나아가야 할 것이다. 이와 관련하여 교회교육의 교재와 프로그램이 청소년들의 실제적인 삶과 연계될 수 있는 활동으로 구성되고, 이를 위한 다양한 주제와 영역별 신앙교재와 양육 프로그램들이 개발될 필요가 있을 것이다.

> **청소년들의 신앙적 활동에 있어 근소한 차이지만**
> **TEEN SFC 활동에서 희망을 보다.**
> #살아있다 #희망을_보았다 #날아올라!

코로나19로 인한 청소년들의 신앙적 변화 인식은 전체적으로 하향했음을 알 수 있다. 하지만 Teen SFC 활동을 하는 청소년들이 활동을 하지 않는 청소년들에 비해 신앙적 활동에 있어 전반적으로 근소하지만 통계적으로 유의미하게 높음을 주목할 필요가 있다. 성경 읽는 시간, 기독교 서적 읽기, 지인과 신앙 관련된 대화하기 등의 대부분의 신앙적 활동에 걸친 유의미한 차이이다. 물론 전체적인 인식에 있어서는 여전히 낮은 맥락에서 이루어져 있음을 유념해야 하지만 그럼에도 불구하고 이는 Teen SFC 사역이 유의미하게 작용하고 있음을 보여주는 내용이다. 이와 관련하여 앞으로의 Teen SFC 사역에 대한 관심과 지지가 필요하며, 무엇보다 인력과 재정 등의 실질적인 지원사격이 필요하다.

> **수도권(서울경기인천) 지역 청소년들을 위한
> 우선적인 지원과 교육이 요청된다.**

#수도권_청소년들아_힘내 #함께_하고_싶어

코로나19로 인한 개인적 변화에 있어 학교 소재지에 따른 권역별로 서울, 경기, 인천을 중심으로 한 수도권 청소년들이 타 권역 청소년에 비하여 통계적으로 유의미하게 '혼자 있는 시간이 많아졌음'을 확인할 수 있었다. 이는 해당 권역의 청소년들의 인식에서 코로나19의 상황으로 인해 혼자 있는 시간이 많아졌음을 보여주는 것이다. 이와 관련하여 수도권 청소년은 친구들과의 모임 감소, 우울감 증대, 학교 불안 등 대부분의 영역도 높게 나타나고 있어 수도권 지역이 경험하고 있는 코로나19로 인한 부정적인 인식과 생활적인 변화를 예상케하며, 수도권 지역의 청소년들을 위한 지원과 교육이 요청되고 있는 것이다. 해당 학생들을 위해 혼자 있는 시간을 무료하게 보내는 것이 아니라 생산적이고 의미 있게 보낼 수 있도록 지도가 이루어져야 할 것이며, 신앙 공동체적인 활동으로 치환할 수 있도록 기독교교육적 활동들도 구성될 필요가 있다.

코로나19 속에서 청소년들은 내실 있게 신앙생활이 이루어지지 못하였고, 이에 대한 개선이 시급하게 요청된다.

#침체기 #도와주세요 #나의_손을_잡아봐

코로나19로 인해 청소년들의 신앙적 활동은 모든 항목에 있어 기능적으로 수행되지 못하였거나 부정적으로 인식되고 있었다. 구체적으로 기도하는 시간, 성경 읽는 시간, 경건 서적 읽기, 지인들과의 신앙 관련 대화 모두에서 긍정적인 변화가 없음을 보여주고 있는데, 이는 코로나19의 상황 속에서 청소년들이 처해있는 신앙생활의 상황이 그 이전의 상황보다 부정적인 차원으로 변화되었음을 시사해주는 대목이다. 즉, 최근의 상황 속에서 청소년들은 기도하는 시간, 성경읽는 시간, 경건 서적 읽기, 신앙 관련 대화와 같은 영역에서 긍정적인 변화가 없었으며, 오히려 부정적인 인식을 보여주고 있어 신앙생활의 내실이 감소 국면이었음을 짐작케 한다. 이러한 인식은 남학생과 비교하면 여학생들이 더욱 부정적이었으며, 청소년들의 신앙 전반을 회복할 수 있는 노력들이 요청된다. 이를 위해서 개체 교회와 청소년 사역자들의 경우 기본적으로 청소년들의 현재의 상황과 인식을 숙지한 채로 접근이 필요할 것이며, 코로나19의 상황 속에서 수행할 수 있는 사역 전략과 프로그램들을 우선적으로 구성하고 고민할 필요가 있을 것이다.

청소년들의 인식 개선을 위한 한국교회의 사회적 신뢰도 회복이 필요하다.

#기독교의_이미지 #한국교회 #사회적_신뢰도_회복

청소년들이 교회학교가 성장하지 않는 가장 큰 요인으로 인식하는 것으로 '학생의 개인적 요인'이 1순위로 나타나고 있지만, 그것과 함께 '기독교에 대한 부정적 인식'이 높은 비율을 차지하고 있음을 볼 수 있다. 이는 청소년들에게 '기독교에 대한 부정적 인식'이 교회학교 성장을 저해하는 요인으로 인식되고 있는 것이며, 이를 상쇄할 수 있는 활동과 사회적 신뢰도 회복에 대한 노력이 요청된다.

이것은 개체 교회의 수준에서 모두 감당할 수 있는 상황이 아니며 한국교회와 각 교단 차원에서의 홍보 활동과 건강하고 매력적인 이미지 구축에 대한 지혜로운 전략이 구성될 필요가 있다.

Creative Ministries 2025 for the YOU.T.H No.2
"T: teach the faith(청소년 신앙생활 지도 방향)"

> 코로나19의 상황 속에서 가족과의 신앙적 유대감을
> 더욱 강조해야 할 것이다.

#친구_bye! #가족_welcome!

청소년들은 코로나19의 상황 속에서 친구들과 보내는 시간이 줄어들었을 것이며, 자연스럽게 가정 내 가족들과의 접촉 빈도와 함께 공유하는 물리적인 시간이 증대되었을 것이다. 실제로 이와 관련하여 '가족과의 대화가 많아졌다'에 대한 문항에 있어 청소년들은 보통 이상의 입장을 취하고 있다는 것은 가족과의 대화가 상대적으로 증가하였음을 예상케 한다. 이러한 측면은 코로나19와 관련된 청소년들의 삶을 이해함에 있어 가족관계 차원의 수준을 좀 더 유의하며 살펴보아야 할 것을 시사한다. 즉, 청소년 이해에 있어 중요하였던 가족과의 관계성을 코로나19의 상황 속에서도 강조하되 변화된 코로나19 환경의 맥락을 고려한 특징적인 가족관계의 요소들이 있을 수 있음을 유의해야 할 것이다.

그러므로 교회와 사역자들은 청소년들의 건강한 가족관계 형성과 대화방식 등에 대한 지도가 필요할 것이며, 코로나19시대 가족 구성원들과 함께할 수 있는 신앙활동 프로그램을 제공하여 가족 내 신앙적 유대감을 형성할 수 있도록 돕는 것이 필요할 것이다. 예를 들어 가족 간의 의사소통법, 가정예배 세우기, 가족과 함께하는 성경 필사 및 성경 읽기, 가족 기도수첩, 가족 감사일기 등이 활용될 수 있을 것이다.

기독정체성에 대한 청소년들의 고민과 확립이 필요하다.

#나는_누구? #여긴_어디? #놓치지마_골든타임

청소년들은 기독정체성에 대한 관심과 신앙인으로서의 삶을 심도 있게 고민하고 있지 않았으며, 이러한 맥락이 코로나19 상황 속에서도 유사하게 나타나고 있었다. 기독정체성에 대한 관심과 고민은 자신의 삶을 성숙한 그리스도인으로서 구현하며 살아가게 하는 것과도 맞닿아 있는 부분이기에 이러한 결과에 주목할 필요가 있다. 이는 신앙인으로서의 삶에 대한 실천과 연결에 어려움이 있을 것을 예상하게 하는 대목이다. 그러므로 교회 현장의 사역자들은 청소년들에게 그리스도인으로서의 삶과 기독정체성 확립을 강조하고 이에 관한 교육을 수행할 필요가 있을 것이다. 이를 위해 성경적이며 기독교 세계관에 근거한 구체적인 정체성 확립 프로그램과 활동을 개발할 필요가 있다.

> 교회교육은 청소년들의 신앙생활과 교회생활에 의미 있는 활동이
> 되고 있으며, 이를 계속하여 강조할 필요가 있다.

#교회교육_긍정적 #신앙생활_교회생활_만족 #잘해왔고_앞으로_더_잘하자
#청소년부교역자_교사_만세

청소년들의 교회교육 인식을 살펴보면 교회교육이 본인에게 미치는 영향으로 1위가 '교회생활에 적용이 된다.'였고, 2위가 '신앙발전에 도움이 된다.'라고 조사되었다. 이는 청소년들에게 있어서 교회교육이 영향이 있다는 것을 의미하며 교회교육의 성과와 필요성을 확인할 수 있다.

한국교회는 현 시대에 다음세대 청소년 교회교육의 효과에 대해 부정적으로 평가한다. 하지만 실제 조사결과에서는 교회교육이 긍정적으로 작용한다는 면에서 유의미한 결과를 가지고 있었다. 매주 반복되는 예배와 가르침, 교제를 통해 실행되는 청소년들에 대한 교육효과가 눈에 띄진 않아도 지속적으로 성장하고 있으므로, 교역자, 교사들의 수고가 헛되지 않음을 확인할 수 있다. 이에 담임목사와 담당교역자, 교사들은 교회교육에 더욱 애정을 가지고 인내하며 사역해야 할 것이다.

> '신앙생활'을 넘어 '생활신앙'의 개념을 가르쳐야 한다.

#생활신앙 #날마다_주님과 #워라밸 #워십_라이프_밸런스

학생신앙운동SFC이 성장하지 않는 이유 1위가 '개인적인 이유', 2위가 '선교단체에 흥미없음'으로 나타났다. 이 조사결과를 통해 청소년들이 개인 생활에만 관심이 있으며, 예배와 기도회는 교회에서 하는 것으로 충분하다 보는 것이 청소년들 대부분의 생각이라고 보아도 무방할 것이다. 이는 그들의 신앙이 생

활로 이어지지 않음을 보여준다.

그러므로 교회는 '신앙생활'을 넘어 '생활신앙'의 개념을 가르쳐야 한다. 일주일 중 주일에 한 번 교회에 나와 예배함이 아닌 생활 속에서 예배자로 살도록 교육할 필요가 있다. 이를 위해 학교 내에 기도모임을 만들고 말씀을 나눌 수 있는 동역자를 찾을 수 있도록 해야한다. 또한 교회는 학교 내에서 기도모임을 만들 수 있도록 지원과 관심을 주어야 한다.

생활 속에서 성경을 읽을 수 있도록 도움을 주어야 한다.

#성경_읽기 #매일_성경_읽고 #얼굴_보고 #하나됨은 덤

신앙생활 요구도를 보면, 청소년들은 성별, 학교 소재지, 학교급, 청소년부 인원, TEEN SFC 활동 유무에 관계없이 성경 읽기가 미래에 중요하다고 생각하고 있었다. 하지만 현재 선호도 수치가 낮기 때문에, 실제 성경을 읽는 청소년의 숫자는 적다는 것을 확인할 수 있었다. 중요성을 알고 있지만 성경 읽기가 실천으로 이어지지 않는 청소년들을 위해 생활 속에서 자기주도적으로 꾸준히 성경을 읽을 수 있도록 도움을 주어야 한다. 이를 위해 삶에 밀접한 방식의 프로그램이 필요한데, 청소년들에게 익숙한 줌ZOOM, 유튜브YOUTUBE, SNS 등을 활용할 수 있겠다. 이러한 방식은 시간과 공간의 제약이 거의 없기 때문에 매일 정한 시간에 모여 함께 성경을 읽어나갈 수 있다. 이를 통해 서로 격려하여 지속적으로 성경을 읽는 데 도움을 줄 수 있을 것이다.

> **고등학생들의 신앙생활 우선순위에 기도가 포함되고 있음을 주목할 필요가 있다.**

#성경_읽기 #성경공부_참여하기 #기도하기 #모닥불_기도회

청소년들은 신앙생활 요구에 있어 '성경 읽기, 성경공부 참여하기'를 요청하고 있었다. 흥미로운 점은 고등학생의 경우 중학생 집단과 동일하게 '성경읽기, 성경공부 참여하기'를 요청하고 있었으나, 추가적으로 '기도하기'에 대한 중요성을 인식하며 요구하고 있다는 점이다. 이는 고등학생들은 기도와 관련된 중요성과 정련된 수준에서 기도에 대한 인식을 고민하고 있음을 짐작게 하는 대목이다. 이러한 맥락을 고려할 때 교회현장 사역에 있어 고등학생들을 위한 기도 관련 프로그램을 구성하여 적용해본다면 좀 더 의미 있는 고등부 사역이 수행될 수 있을 것으로 예상한다. 이를 위해서 기도에 대한 건강한 신학적 사항들을 교육하고, 실제 기도를 실천할 수 있도록 다양한 활동들을 연계한다면 의미 있을 것이다.

> **청소년들을 위한 본질적인 신앙양육에 초점을 맞추어 사역할 필요가 있다.**

#자신의_신앙 #본질

청소년들이 교회에 출석하는 동기는 매우 본질적인 차원으로 나타나고 있는데, 바로 '자신의 신앙' 때문이라는 것이다. 부모님과 같은 가정적인 이유도 높은 비율로 확인되고 있지만, 동시에 청소년 자신의 신앙과 관련된 이유로도 교회에 출석하고 있다는 것이다. 이는 교회 내 청소년 사역에 있어 교육기관 담당자들과 사역자들의 기존 생각과 달리, 청소년들에 대한 기본적인 접근 방식에 있어 좀 더 본질적인 신앙에 초점을 맞추어나가야 함을 강력하게 시사해

주는 대목이다.

이를 고려하여 신앙의 깊이에 따른 접근이 필요하며 비본질적인 활동과 프로그램을 통해 청소년들의 교회출석을 요청하기보다 교회의 정체성에 부합하고, 보다 깊이 있는 신앙양육에 초점을 맞추는 방향으로 사역해나가야 할 것이다.

고등학생들을 위한 학교와 가정에서의 신앙 지도와 프로그램이 시급하다.

#위기의_고딩들 #일상을_공략하라

중학생들과 기타(홈스쿨링, 대안학교)에 비해 고등학생들의 신앙적 활동에 대한 인식은 모든 항목(기도하기, 성경 읽기, 기독교 서적 읽기, 신앙과 관련된 대화하기)에서 수치가 가장 낮은 것으로 드러났다. 이는 고등학생들의 신앙적 상황이 코로나19 이후에 부정적인 방향으로 변화했음을 보여준다.

그러므로 교회와 청소년 사역자들은 고등학생들이 처한 상황과 인식을 숙지하고, 고등학생들을 위한 신앙 지도와 프로그램 개발이 시급하다. 이를 위해 대부분의 고등학생이 시간을 가장 많이 보내는 학교와 가정 등의 일상 공간을 공략할 필요가 있다. 또한 고등학생들의 일상 공간에서 신앙 활동을 지도할 전문 사역자가 필요하며 그 역할이 점점 더 중요해질 것으로 보인다. 이것을 위해 교회는 부모 교육과 기독교사 양성, Teen SFC 간사 지원 등의 지원사역도 병행할 필요가 있다.

Creative Ministries 2025 for the YOU.T.H No.3
"H: healthy the life(청소년 일상생활 지도 방향)"

> 청소년들의 신체·정신 건강을 돌볼 수 있는 적절한 대안이 필요하다.

#신체_정신건강_적신호 #소그룹_컴온

코로나19 이후 청소년들은 신체적, 정신적 건강 상태가 코로나19 이전보다 나빠졌다고 인식하고 있다. 이러한 청소년들의 인식은 성별, 학교소재지, 학교급 등의 집단별 구분에서도 공통적으로 나타났는데 이는 코로나19 상황이 청소년들의 전방위적인 삶에 영향으로 미친 것으로 이해된다. 청소년들의 신체와 정신 건강이 나빠진 이유로는 코로나19 확산 방지를 위한 거리두기를 통해 혼자만의 시간이 많아지고 친교 모임이 줄어든 것이 영향을 준 것으로 볼 수 있다.

이러한 사실을 바탕으로 건강한 신체와 정신을 유지할 수 있도록 다양하고 체계적인 방식의 프로그램이 필요하다. 예를 들어 청소년들을 위한 야외 공동체 활동 및 학년별·관심별 소그룹 활동이 개발될 필요가 있을 것이다.

> 청소년들을 위한 생활 플랜(plan)이 필요하다.

#청소년생활플래너 #생활정돈_학업충실_영적안정

코로나19로 인해 청소년들이 인식하는 어려운 점은 '학업 소홀'과 '미디어 사용 증가', '생활의 불규칙'이다. 이러한 생활 패턴의 혼란은 청소년들의 정신, 신체 건강에 영향을 줄 뿐 아니라 영적 건강에도 영향을 끼친다. 따라서 교회는 청소년 일상의 구체적인 생활 지침을 제공해줄 필요가 있다.

청소년들이 학업 성취감을 혼자가 아닌 함께 얻을 수 있도록 교회 안에 학습 공동체를 만들어줄 수 있다. 학년별, 성별 등으로 커뮤니티를 형성하고 교사가 투입되어 주중 학습 목표를 설정하며 기도제목을 나누는 식이다. 교회에서 자체적으로 학습 및 신앙 경건 플래너를 제작할 수도 있다. 이 플래너 속에서 미디어 절제 훈련에 대한 부분이나 생활 규칙 정하기를 포함시켜서 생활을 정돈하고 절제하여 학업 충실에 도움을 줄 수 있다. 더 나아가 생활 규칙의 안정성은 영적인 건강의 안정성으로 이어질 수 있으며, 총체적인 신앙 훈련에도 도움이 될 것이다

청소년들의 건강한 수면 습관을 위한 지도와 관리가 필요하다.

#건강한_수면챌린지 #일정한_패턴으로_수면 #딥_슬립

6시간 이상 수면 비율이 코로나 이후 남학생은 감소했고, 여학생은 증가했다. 이는 남학생의 경우 취미생활 등으로 인해 수면 시간을 줄였을 상황, 여학생의 경우 일상에 대한 회피로 수면 시간을 늘렸을 상황을 조심스럽게 유추해 볼 수 있다.

수면 시간은 신체·정신 건강, 일상 생활의 안정과 관련이 있다. 또한 수면 시간은 하나의 패턴이기 때문에 신앙 생활, 특히 주일 성수나 교회 모임 참여에도 영향을 미친다. 따라서 교회는 청소년의 수면 건강을 확인하고 적절한 수면 시작 시간과 수면 시간을 제안할 필요가 있다. 목표 시간에 취침하고 기상하는 것을 인증하는 건강한 수면 챌린지를 교회적으로 시도해볼 수 있다. 또는 교회가 함께 정한 특정 시간에 심야 라디오 컨셉의 토크, 성경 읽어주는 ASMR 등을 제공하고 이를 통해 일정한 패턴으로 함께 수면을 취하는 방안을 제안할 수도 있겠다.

청소년들을 위한 스마트기기 및 스마트폰 사용 지도가 요청된다.

#스마트폰_사용의_위기 #부모의_노력 #바른_습관태도_필요

청소년들의 경우 코로나19 이후 일상생활 속 스마트폰을 포함한 스마트기기의 사용 자체가 증가하였다. 비대면 온라인 수업 중심의 수행도 스마트기기 사용의 증가를 이끌었으며, 이 과정에서 스마트폰 사용 증가도 함께 이루어졌다. 스마트기기는 그 특성상 사용과 자제의 결정권을 기기를 활용하는 주체가 결정할 수 있는데 청소년들의 경우 이를 능동적으로 수행하기가 쉽지 않다. 교회와 가정은 이 상황을 심각하게 고려하여 전문적인 스마트폰 절제 교육과 지도를 해야 할 것이다. 이를 위해서 자녀들을 위한 스마트기기 및 스마트폰 활용 가이드와 부모교육이 요청되고, 이것이 교회 내 교육기관 및 사역자들과 연계하여 내실 있게 진행될 필요가 있다.

청소년들의 자기성찰 과정이 올바른 진로·직업 탐색으로 이어지도록 도와줄 필요가 있다.

#직업군_탐색 #자기성찰 #진로지도

청소년들의 높은 관심사를 차지하고 있는 영역은 '진로/직업'이다. 또한 청소년들은 코로나19를 겪으며 '자기 성찰의 기회'를 얻은 것을 장점으로 인식하였다. 따라서 교회와 가정은 청소년들의 자기성찰 과정이 올바른 진로·직업 탐색으로 이어지도록 관심을 갖고 적극적으로 도와줄 필요가 있다.

이를 위해 직업·성격검사를 통해 청소년 자신의 관심사를 확인할 수도 있겠다. 또한 다양한 직업군을 소개해 줄 수 있도록 전문기관과 연계할 수도 있으며, 관련 학과 교수님·선배들의 면담을 통해서도 도움을 줄 수 있을 것이다.

청소년들의 비대면 학교 수업에 대한 만족도를 개선시켜 줄 필요가 있다.

#온라인학교수업_땡 #고퀄영상선호 #성적,진로고민

코로나19는 학교수업에 큰 영향을 주었다. 매일 등교가 격주등교, 격일등교로 전환되며, 대면수업은 온라인 수업으로 대체되었다. 하지만 청소년들의 온라인 학교 수업에 대한 만족도에 있어서 전반적으로 부정적임을 확인 할 수 있다.

갑작스러운 코로나19 상황에 따른 학교교육의 시스템 부재와 교사들의 준비 부족, 영상기술의 한계라는 현실에 직면하였다. 청소년들은 기존 인터넷상의 강의에 의해 형성된 높은 기준으로 수업을 받아 왔기 때문에 낮은 만족도는 온라인 학교교육의 미숙함에서 나타나는 현상으로 유추해 볼 수 있다.

청소년들의 온라인 학교 수업의 불만족과 성적, 진로에 대한 고민들의 심각성을 생각해 보면 심리적으로 많은 걱정과 고민을 안고 있을 것이다. 교회는 이들의 마음을 헤아려 신앙적으로 잘 지도할 필요가 있다.

중학생들을 위한 동아리 및 기타 활동에 준하는 프로그램이 제공될 필요가 있다.

#온라인종교는_별로 #동아리활동은_좋아요 #Teen해지길바라

고등학생과 기타(홈스쿨링, 대안학교 등)에 비해 중학생들은 온라인 종교활동 증가는 부정적으로 인식하고 있고, 동아리 활동 및 기타 활동 감소에는 다소 아쉬움을 가지고 있었다. 그와 관련하여 교회와 사역자들의 지혜가 필요하며, 아래 Teen SFC 사역의 실제 사례를 주목하고 발전시켜갈 필요가 있다. 간단히 세 가지 사례를 살펴보자면, Teen-SFC에서 시행한 '길거리 기도회(道닥道닥 기도회)', '힘내라 시험기간(시험기간 응원이벤트)', '틴기방기(틴여러분 기운내요 방구석에서도 기도해요)'가 있다. '길거리 기도회(道닥道닥 기도회)'는 학생들이 있는 곳으로 직접 찾아가서 공원이나 길에서 짧게 상황을 나누고 기도하고 격려하는 형식으로 진행하였고, '힘내라 시험기간(시험기간 응원이벤트)'은 등교길에 응원 간식 전달, 화이트보드에 서로를 향한 응원 메시지를 적도록 하여 SNS에 업로드하는 방식 등으로 진행되었다. 'Teen기방기'는 Zoom을 이용해 보이는 라디오 형식으로 쌍방향으로 소통하며 학생 개개인의 사연들을 나누고, 즉석 인터뷰와 사연과 관련된 찬양, 바이블 플렉스를 통한 성경 스케치, 학생 개인과 학교를 위한 구체적인 기도로 진행되었다.

부록 2

2022년 version Creative Ministries 2025 for the YOU.T.H. *plus(+)*

Creative Ministries 2025 for the YOU.T.H. *plus(+)* No.1
"YOU: your church(다음세대 사역 및 교회사역 방향)"

> 대학생들이 미디어보다 신앙에 흥미를 갖고 집중할 수 있도록 도와야 한다.

#미디어보다_하나님 #진짜_갓생

<코로나19로 인해 어려운 점> 설문조사에서 '외출하기 어려워졌다'의 문항이 20.6%로 가장 높았으며, '미디어 사용이 증가하였다'는 문항이 19.7%로 2순위로 조사되었다. 조사가 보여주는 것은 코로나19로 맞이한 어려운 삶의 모습이다. 하지만 이 속에서 우리가 발견할 수 있는 것은 신앙에 집중하지 못하는 대학생의 현실이다. 외출을 하기 어려운 상황에서 여유시간은 늘어났다. 대학생들은 자연스럽게 미디어에 집중하게 되었다. 여유는 있지만, 외출이 어려운 한정된 상황 속의 대학생들이 이 시간을 기회로 삼아 신앙에 집중할 수 있었다면, 오히려 코로나19로 인한 유익을 얻을수도 있었을 것이다. 교회는 코로나 상황이 종식되기 전까지 개인이 신앙생활에 집중할 수 있도록 도울 수 있어야 한다. '갓생'[1]을 살기 위해 노력하는 대학생들이 실제로 하나님과 함께하는 '갓생'을 살 수 있도록 돕는 신앙생활 프로그램이 필요하다. 이런 노력들은 코

---

[1] 신조어 중 하나. 갓(GOD)과 생(生)을 합쳐 부지런하고 성실하게 생활하여 모범이 되는 훌륭한 삶을 사는 인생을 말함.

로나가 끝나더라도 오프라인으로 전환하여 진행될 수 있으며, 오히려 코로나를 기회로 삼기 위해 필요한 행동이다.

대학생들은 신앙의 본질적인 것을 요구하고 있다.

#신앙본질 #성경 #하향평준화_방지 #대학생_요구도

대학생들이 신앙생활에 있어 가장 시급하게 요구하고 있는 항목은 '기도하기, 성경 읽기, 성경공부 참여하기'임을 확인할 수 있었다. 이는 신앙교육과 사역에 있어 본질적인 측면을 사역의 대상자들에게 요청하고 있음을 의미한다. 또한 코로나의 상황 속에서 대학생들을 위한 하향평준화된 신앙지도가 아닌 신앙교육과 양육의 본질적인 측면의 요소들을 지속적으로 강조하여 진행할 수 있음도 시사하는 것이다. 더불어 해당 사항은 교회와 사역자들이 신앙 본질적인 활동을 수행함에 있어 효과적인 방안과 전략을 통해 수행되어야 함도 고민하게 하는 대목이다. 이와 관련하여 대학생 사역 내 온라인을 활용한 다양한 접근들이 가능할 것인데 대학생들은 온라인 교회모임 참여에 대하여 긍정적인 인식을 보이고 있었기 때문이다. 실제로 대학생들은 온라인을 활용한 성경공부, 소모임, 제자훈련에 대하여 긍정적인 참여 의향을 표시해주었다. 다만 해당 사항이 대면 사역을 도외시한 채 별도로 진행되어서는 안 될 것이며, '대면과 비대면'의 양방향 사역으로 전개되어야 할 것이다. 이에 대한 총회 및 전문기관의 안정감 있는 지도도 필요할 것이다.

코로나19는 대학생들을 위한 심방 사역의 기회이다.

#심방 #마음의_방문 #예수님이_오셨듯이

<코로나19로 인한 신앙적 변화 인식>에서 '교회의 대면 심방의 빈도가 늘어났다'는 문항과 '교회의 비대면 심방의 빈도가 늘어났다'는 문항 둘 다 보통 이하의 결과가 조사되었다. 대학생은 심방의 빈도가 조금 줄었거나 이전과 변함없다고 느낀다는 결과다. 그러므로 교회는 오히려 더욱 심방에 힘을 쏟아야 한다. 거리두기 정책의 영향으로 대규모로 만나기 어려워진 상황은 오히려 소규모로 만날 수 있는 절호의 기회이다. 소규모로 만날 때의 이점은 더욱 깊은 만남을 기대할 수 있다는 것이다. 대규모보다 1:1이나 소규모의 모임 중에 더 깊은 대화나 고민을 나눌 가능성이 크다. 비대면으로 지루해진 대학생의 일상에 사역자의 따뜻한 심방은 마음을 여는 귀한 열쇠가 될 수 있다. 자신을 찾아준 지체나 교역자의 심방은 따뜻한 환대의 모습으로 비춰질 것이며, 그리스도 안의 한 몸으로 나아가는 사역의 시작이 될 것이다.

대학생들은 온라인 모임의 어려움을 느끼고 있지만 모임에 대한 사모함이 있다.

#온라인_힘들지만 #사모하는_모임

대학생들의 <온라인 교회모임의 가능성 인식>에 대한 응답은 모두 부정적인 결과를 보였다. '대학청년부 온라인 성경공부'가 2.51점으로 가장 긍정적인 결과를 보였지만 이마저도 3점 이하의 부정적 결과이다. '온라인 소모임', '온라인 예배', '온라인 제자훈련', '온라인 수련회'에 대한 항목들에서도 모두 부정적인 결과로 답변하였다. 이는 대학생들이 온라인 모임에 대한 어려움을 인식하고 있음을 보여준다. 그러나 대학생들은 여전히 모임에 대한 사모함을 가지고 있었다. 코로나19로 인한 상황 속에서도 <온라인 교회모임 참여 의향>에 대한 질문에 대해 예배에는 85.6%, 성경공부나 소모임에는 약 75%가 참여할 것이라고 답변하였다. 대학생들은 온라인 교회모임에 대해 어려움과 힘듦을 겪고 있지만, 그런 상황에도 불구하고 온라인 모임에 참여하고 있다. 사역자들은 대학생들의 모임에 대한 마음을 인식하고, 모이기를 힘써야 한다. 특별히 온라인 모임에 어려움을 호소하는 대학생들을 위해, 온라인으로 진행할 시 모임의 유익을 충분히 느낄 수 있도록 잘 준비해야 할 것이며, 상황을 판단하여 가능하다면 대면 모임으로 진행해야 한다.

소규모 교회의 대학생들을 위한 관심이 필요하다.

#소규모_교회 #함께_세워가는_교회

<신앙생활에 대한 요구도 조사>에서 대학생의 <신앙생활 우선순위>에서 가장 필요로 느낀 항목은 '기도하기, 성경 읽기, 성경공부 참여하기'이다. 그러나 '전도활동 하기' 항목은 50명 이하의 대학생 신앙생활 우선순위에서만 발견할 수 있다. 50명 이하 규모 교회의 대학생들은 전도가 필요한 교회의 현실을 잘 알고 있고, 전도의 필요성과 중요성을 인식하고 있다는 것이다. 소규모 교회에 전도의 필요성만 있는 것은 아니다. 50명 이하 규모 교회 대학생의 <교회 사역을 위한 요구도> 분석표에서는 '교회학교 프로그램, 교사 양육, 교역자와 부서 간의 관계'에 대해 필요성을 인식하고 있었다. 따라서 50명 이하 규모의 교회는 전도와 교회 프로그램, 교사 양육, 교역자와 부서 간의 관계 등 사역 전반적인 부분에서 개선의 필요가 있다. 소규모 교회는 대학부에 대해 프로그램을 준비하고, 교사를 훈련하며, 관계 측면에서 개선을 시도해야 한다. 뿐만 아니라 전도에 대해 고민하고 실천할 수 있도록 목회적 방향을 제시하고, 물질

을 지원해줄 수 있어야 한다. 이를 위해 각 교회에서도 지역의 소규모 교회를 위한 지원을 고민해야 하며, 총회적인 측면에서도 지원 방향을 고려해야 한다.

대학생들에게 있어 가정(어머니)과 담당 교역자가 역할이 중요하다.

#가정_어머니 #담당교역자 #영향력

대학생들은 자신의 신앙교육에 있어 어머니와 담당교역자의 영향력이 강력함을 표현해주고 있다. 대학생들이 인식하는 신앙교육에 가장 큰 영향을 미치는 사람으로 1순위로는 '어머니'가 19.4%로 가장 많았으며, 다음으로 '학생 자신'(18.8%), '담당교역자'(18.1%), '담임목사'(16.9%) 등의 순으로 나타났으며, 2순위에서는 담당교역자의 영향력이 다시 한 번 더 확인되었다. 대학생들을 위한 사역을 설계할 때 가정과 연계된 사역의 필요성을 확인시켜주는 부분이며, 이는 그동안의 대학생 사역에 있어 도외시되었던 부분이다. 주로 가정의 연계는 청소년 사역에 집중된 사항이 컸으나 대학생들의 신앙교육에 있어서도 가정과의 연계가 필요함을 확인시켜주고 있다. 이를 위하여 교회와 가정의 연계를 위한 다양한 프로그램과 접근이 요청되며, 특별히 어머니의 신앙 영향력을 고려한 사역 협업의 아이디어들이 필요해 보인다. 한편 남자 대학생들은 가정의 영향력이 여자 대학생들에 비해 높지 않았는데 그들의 경우, 1순위는 담임목사로, 2순위는 담당 교역자로 조사되었다. 이는 남학생들에 있어 목회자의 영향력이 큼을 시사해주는 대목이다. 이를 종합해 볼 때, 대학생들에게 있어 가정과 목회자의 영향은 결정적이며 이들과의 관계성 증진을 위한 다양한 시도들이 요청된다.

> **대학생들은 사역자들의 온라인 사역에 대한 전문성을 기대하고 있다.**

#사역_전문성 #비대면_활동 #디지털_역량 #만족도

　대학생들은 사역자들의 온라인 사역 활동의 질적 수준에 대하여 부정적인 인식을 보여주고 있는데, 이를테면 '사역자들은 대면 활동보다 설명을 더 잘하는 것 같다', '전체적으로 온라인을 통한 신앙활동에 만족한다' 등에 대해 낮은 인식 수준을 보이고 있으며, 이는 각 집단별 사항 속에서도 유사한 맥락으로 나타나고 있었다. 이는 여러 가지 요인이 있겠지만 사역자들의 온라인 사역과 관련된 전문성과 준비성과도 맞닿아있는 부분이다. 실제로 대학생들이 경험하고 있는 온라인 교육환경과 활동은 매우 정련된 수준에서 이루어지고 있는 경우가 많다. 예를 들어 대학생들이 경험하고 있는 대학 전공 수업, 학원, 인터넷 강의 등은 질적으로 우수한 콘텐츠와 환경 속에서 수행되고 있기 때문이다. 이러한 맥락에서 대학생 사역자들을 위한 역량 개발 과정이나 지원 등이 필요할 것이다.

> **대학생들이 교회에 출석하는 이유는 자신의 신앙 때문이다.**

#자신의_신앙 #교회출석 #본질 #사역_방향성

　대학생들이 교회에 출석하는 가장 큰 이유는 개인의 신앙임을 확인하였다. 이는 청소년의 분석 결과와도 일맥상통하는 부분인데 코로나의 상황 속에서 대학생들은 자신의 신앙으로 인해 교회에 출석하고 있음을 확인해주는 대목이다. 이러한 맥락에서 교회 및 대학청년 사역자들은 사역의 우선순위를 설정할 때 대학생들의 신앙 본질에 집중할 수 있는 장을 구성하고, 해당 방향성 속에서 사역의 핵심적인 요소들을 구성해야 함을 의미한다.

청소년들을 위한 온라인 사역 만족도 개선이 시급하게 요청된다.

#온라인_사역 #만족도 #신앙활동 #사역자_및_교사

청소년들의 온라인 교회모임 참여 의향을 살펴보면, '청소년부 온라인 예배'에 참여하겠다는 비율이 80.4%로 가장 많았고, 다음으로 '청소년부 온라인 수련회'(68.4%), '청소년부 온라인 소모임'(68.1%), 청소년부 온라인 성경공부(66.7%) 등의 순으로 나타났으며, 전반적으로 청소년들의 온라인 교회모임 참여 의향이 높은 것으로 나타났다. 반면에 온라인을 통한 신앙 활동에 만족도는 낮은 것으로 나타났다. '전체적으로 온라인을 통한 신앙 활동에 만족한다'의 항목에 대하여 모든 학교급에서 2점대의 인식을 보여주고 있어 이를 반증하고 있다. 청소년들의 온라인 사역 만족도 개선을 위한 사역자 및 교사들의 전문성 향상과 디지털 리터러시[2]의 개선이 시급하며, 이를 위한 총회 및 교회 차원에서의 역량 강화 지원 과정들이 수행될 필요가 있다. 더불어 사역자 및 교사 수준에서의 개별적인 노력도 요청되며, 질적으로 우수한 신앙교육적 활동이 온라인을 통해 수행될 수 있도록 변화가 필요한 상황이다.

청소년들을 위한 신앙교육은 반드시 가정과 연계되어 수행되어야 한다.

#가정 #신앙교육 #교회의_지원 #가정_내_신앙교육_전략

청소년들의 신앙교육에 가장 큰 영향을 미치는 존재를 살펴보면 어머니와 아버지의 영향력이 크며, 다음으로 목회자의 순으로 나타나고 있다. 이는 청소년들을 위한 사역에 있어 반드시 가정과의 연계가 수반되어야 할 필요성이 있

---

2. 디지털 리터러시란, 디지털 이해 및 활용 능력과 더불어 비평적 접근을 수행하는 디지털 관련 문해력으로 볼 수 있음.

음을 강력하게 보여주는 것이다. 또한 코로나 시대에 더욱더 가정과의 협업이 중요함을 시사해주는 대목이다. 이는 교회 및 목회자가 가정 내 신앙교육의 기능적인 활동을 위한 체계적인 지원을 수행할 필요가 있다. 그러므로 부모세대의 신앙교육 전문성도 증진될 필요가 있다. 또한 가정과 함께 목회자의 영향력도 높게 나타나고 있는데, 이는 코로나 상황 속에서 여전히 목회자의 중요성과 의미를 놓치지 말아야 함을 보여준다. 목회자들의 사역을 위한 지원과 전문성 증진 역시 이루어져야 함을 의미한다. 더불어 목회자와 가정의 연계를 위하여 끊임없는 소통이 필요하며, 이를 위해 목회자에 의한 부모의 신앙 양육이 필요하다.

청소년들에 대한 교사의 영향력을 증대시킬 필요가 있다.

#교회학교_교사 #구조적_상황 #기독교교육 #영향력

코로나 상황 속에서 청소년들의 신앙교육에 있어 교회학교 교사의 영향력이 높지 않음을 확인할 수 있었다. 이는 코로나와 같은 구조적인 한계가 있는 상황에서 교사들이 청소년들과 함께 사역하지 못한 맥락으로 볼 수 있다. 그럼에도 불구하고 현상적으로 교사들의 영향력이 낮은 수준에서 제한적으로 나타나고 있음에 대하여 엄중한 문제의식을 가질 필요가 있을 것이다. 교회학교 내 교사의 역할은 목회자만큼이나 중요한데 그들의 영향력이 과거에 비하여 줄어드는 상황은 교회학교의 성장과 발전의 측면에서 볼 때 반드시 개선되어야 할 부분이다. 이와 관련하여 교회학교 교사들의 전문성을 개발할 수 있는 체계적인 과정들이 요청되며, 실제적인 기독교 교육적 역량을 증진할 수 있는 지원책들의 마련이 시급하다.

청소년들은 교회를 떠나고 싶어하지 않는다.

#교회_이동 #갈등 #목회자 #안정감

청소년들은 교회를 떠나거나 이동하고 싶어하지 않았으며, 이에 대해서는 대부분의 영역에서 분명한 입장을 취하고 있었다. 즉, 청소년들의 경우 '나는 향후 다른 교회로 옮길 의향이 있다'와 같이 교회를 옮기는 것에 대한 여러 이유와 항목에 대한 인식을 살펴보았을 때 강한 부정의 인식을 지니고 있었다. 이러한 측면은 청소년들이 교회를 옮기거나 이동하는 것에 대하여 가지는 입장을 보여주는 내용으로 볼 수 있다. 다만 이것이 현재 교회에 대한 만족도가 높아서 나타나는 결과라기보다는 특정한 이슈(목회자, 설교, 봉사, 프로그램 등)로 인해 교회를 옮기는 것에 대하여 부정적이라는 측면을 보여주는 것으로 이해하는 것이 적합할 것으로 판단한다. 그러므로 교회에 대한 사랑과 관계적 차원에서의 중요성을 가지고 있는 청소년들이 더욱 행복하게 개체 교회에서 신앙생활을 할 수 있도록 지원해주는 활동을 고민해볼 필요가 있을 것이다.

청소년 학교급에 따른 수준별 맞춤 훈련 프로그램이 필요하다.

#말씀_기도_전도 #알지만_잘_안돼요 #도와주세요!

<청소년 신앙생활의 요구도>에 대한 우선순위를 분석했을 때 '성경 읽기, 성경공부 참여하기'가 1사분면을 차지했다. 이는 미래에도 중요하지만 현재에는 충분히 공급되지 못하거나 수행되지 못하고 있다는 의미이다. 다시 학교급에 따라 살펴보았을 때 중학교 청소년들은 성경읽기와 더불어 '기도하기'를 요구하고 있고, 고등학교 청소년들은 '전도활동 하기'를 추가로 요구하고 있다. 즉, 청소년들이 신앙생활에서의 말씀과 기도와 전도의 중요성을 충분히 알

고 있지만 스스로 진단하기에 지금은 잘 안 되고 있다고 응답한 것이다. 따라서 개체 교회와 교육기관 내 담당 교육자들은 통합양육보다는 학교급에 따라 구별된, 맞춤 훈련을 개발할 필요가 있다. 다음세대의 인원이 줄어들면서 점점 통합교육, 부서통합들이 이뤄지는 것이 현실이지만, 훈련에 있어서의 구분은 필요하다. 중학교 청소년들에게는 '성경 읽기와 기도하기' 등의 기본적인 신앙 훈련에 초점을 맞추고, 고등학교 청소년들에게는 '성경 읽기와 성경공부, 전도 활동' 등의 보다 확장되고 깊이 있는 신앙 훈련을 진행하는 것이 필요하다. 특히 고등학교 청소년들에게는 전도의 의미를 비롯해 실제로 전도할 수 있도록 복음을 다시 재정립하고 말하도록 하는 훈련, 일상 속에서 복음을 전하고 살아내는 훈련이 필요할 것이다. 이런 측면에서 이들이 가장 많은 시간을 보내는 학교는 복음 전도를 훈련하기에 가장 좋은 기회이자 장이 될 것이다.

청소년들을 향한 본질적인 사역을 확신있게 수행해야 한다.

#본질적_사역 #나의_신앙_때문 #성경_중심

청소년들의 교회 출석 동기를 살펴보았을 때, '나의 신앙 때문'이 70.1%로 가장 많은 것으로 나타났다. 또한 The Locus for Focus 모델을 활용한 청소년 신앙생활 우선순위를 살펴보았을 때, '성경 읽기, 성경공부 참여하기'를 최우선적으로 요구하고 있다. 이는 모든 학교급에서 신앙 본질에 대한 요구가 있음을 확인할 수 있다. 이에 맞춰 사역자들과 교사들은 비본질적인 활동보다는 '성경 중심'의 본질적인 신앙 양육에 초점을 맞춰야 함을 시사하는 바이다. 앞으로의 교회 교육을 깊이 있는 신앙양육에 초점을 맞추는 방향으로 사역해가야 할 것이다.

청소년들의 복음전도를 향한 요구를 주목할 필요가 있다.

#전도_원해요_ #고딩들의_불타는_가슴

고등학생들과 기타 홈스쿨링, 대안학교 청소년들의 신앙생활 요구도 분석 결과를 살펴보면, 성경 읽기, 성경공부하기, 전도활동 하기를 확인할 수 있다. 이중 특별히 흥미로운 것은, 전도활동하기가 요구되는 것인데, 이는 청소년들의 복음전도를 향한 필요를 시사해주는 내용으로 볼 수 있다. 이러한 결과를 긍정적으로 해석해 본다면, 코로나19로 인해 무너진 해당 교육기관의 지체들을 바라보는 고등학생들의 안타까움이 반영된 성숙된 신앙으로 볼 수 있으나 좀 더 면밀한 후속 작업이 요청된다. 해당 결과 자체에 주목해 본다면, 청소년들의 복음전도를 향한 요구가 있으며 이에 대하여 사역자들과 교회는 탄력적으로 반영해 나가야 할 필요가 있다. 즉, 교회교육은 이들의 요구를 충분히 헤아려 우선적으로 전도의 필요성을 강조하고 복음의 은혜를 충분히 누리도록 해야 한다. 그리고 적절한 시간과 장소를 확보해 전도 프로그램을 운영함과 동시에 새친구반을 따로 편성해 전도 시 교회에 잘 정착하도록 도와야 한다.

청소년 사역자들의 현장 조사 및 방법론적 역량 개발이 요청된다.

#현장_조사 #방법론 #인식_파악 #사전_조사_필요

청소년들은 교회사역과 관련된 요구 사항에 있어서 참여와 관심을 끌어낼 수 있는 측면을 강조해주었다. 이를 위해서는 사전적으로 청소년들의 요구 사항과 인식이 어떠한 상황이며, 무엇인가를 면밀하게 확인할 것으로 전제한다. 이는 사역자들로 하여금 일정 수준 이상의 현장 조사 및 방법론적인 역량을 요구하는 것인데 이와 관련하여 현재 사역자들의 경우 관련 역량을 학습할 수 있는 기회가 부족하다. 물론 기독교교육학과 같은 실천신학 분과의 대학원 Th.M., M.A., Ph.D.과정에서 관련 사항을 학습을 하여 사역하면 가장 좋겠지만 많은 사역자들의 경우 그러한 역량을 학습할 기회를 얻지 못하고 있다. 이러한 상황 속에서 당장 청소년들의 요구와 인식을 살펴야 할 사역자들에게 제안하는 것은 정련된 수준의 조사방식은 아니더라도 '간략한 설문 문항 제작' 혹은 '소그룹 면담' 등을 통해서 사역 전 반드시 대상자들의 요구와 맥락을 파악한 후 사역을 진행할 것을 제안한다. 더불어 목사후보생 양성 과정(신학대학과 신학대학원)에서부터 전술한 실제적인 역량을 체계적으로 개발할 수 있도록 교육과정적 관심과 노력이 필요함을 강력하게 요청해본다.

홈스쿨링&대안학교 청소년들을 위한 '전도 책모임'을 해보자.

#기독교_서적 #권장도서_리스트

학교급에 따른 신앙생활 요구도에서 홈스쿨링&대안학교 청소년들을 주목하여 살펴보았다. 이들이 신앙생활에 있어서 시급하게 요구하고 있는 항목은 '성경 읽기, 성경공부 참여하기, 기독서적 읽기, 전도활동 하기'이다. 동시에 이 그룹의 교회사역에 있어서 시급하게 요구되고 있는 것은 '교회학교 신앙양육 프로그램'이다. 이를 고려하여 개체교회와 담당교역자, 학부모들은 홈스쿨링&대안학교 청소년들을 대상으로 신앙양육 프로그램을 기획할 때, '기독교 권장도서 리스트'를 제공하거나 기독서적을 함께 읽는 프로그램을 기획해 볼 수 있겠다. 또한 책을 선정할 때, 신앙생활 요구도 결과를 반영하여 '전도'와 '선교'의 방향에 초점을 맞추는 것도 좋은 방법이다. 홈스쿨링&대안학교 청소년들은 타 학교급 청소년들에 비해 이미 가족이나 학우들을 비롯한 주변인이 기독인일 가능성이 높다. 그러므로 전도활동을 할 수 있도록 현장을 함께 만들어

가보는 것도 추천한다.

Creative Ministries 2025 for the YOU.T.H. plus(+) No.2
"T: teach the faith(다음세대 신앙생활 지도 방향)"

다음세대들은 본질적인 신앙양육에 관심이 있다.

#내가_교회가는_이유 #나의_신앙_때문

일반적으로 다음세대는 프로그램이나 관계성에 의해 교회에 출석할 것이라고 생각하기 마련이다. 그러나 상반되는 조사 결과가 도출되었다. 청소년과 대학생들 모두 교회에 출석하는 동기를 묻는 문항에 '나의 신앙 때문'이라는 응답이 가장 높은 비중을 차지했다. 이는 다음세대를 대상으로 한 신앙 양육에 대해 본질적인 것에 초점을 맞추어야 함을 보여준다. 그러므로 청소년과 대학생들을 대상으로 흥미 위주의 비본질적인 활동을 통해 출석을 독려하거나 접근하기보다는 교회 정체성에 부합하고 깊이 있는 신앙양육에 초점을 맞춰 사역해야 할 필요가 있다.

답답한 다음세대, 돌파구가 필요하다.

#이상과_현실 #답답함

청소년과 대학생 모두에게서 교회에 출석하는 동기를 살펴볼 때, 가장 높은 비율로 '나의 신앙 때문'이라고 응답하였다. 또한 청소년과 대학생들의 신앙고백 수준의 차이를 살펴보면 전반적으로 4점대의 높은 인식을 보이고 있는 데 반해, 일상생활 및 신앙생활의 전반적 만족도와 한국교회의 변화인식, 다음세대들에 대한 기대 항목에서는 상반된 인식을 드러내고 있다. 일상생활 및 신앙생활의 전반적 만족도는 일상의 삶, 교회 활동, 학교생활의 만족도를 제치고 가장 낮은 것으로 드러났다. 또한 한국교회의 변화 인식을 묻는 항목에서는 전체적으로 다소 부정적인 입장을 보여주며, 다음세대들에 대한 기대도 낮지도 높지도 않는 '보통' 수준에 머물러 있었다. 앞서 조사의 내용을 통해 청소년과 대학생들의 신앙고백 수준은 높지만, 코로나 시대 속 한국교회가 처해 있는 현실을 보며 답답함을 토로하는 것으로 보인다. 그러므로 교회는 다음세대의 신앙수준을 과소평가하지 않고, 이들의 이러한 답답함에 귀 기울일 필요가 있다.

> **대학생들이 교회에 대해 긍정적인 관점을 갖도록 지도해야 한다.**

#대학생 #교회를_향한_비전심기

코로나 이후(향후 3~5년) 한국교회의 변화 인식에 있어서 청소년들과 대학생들은 보통과 부정적 수준의 인식을 가지고 있으며 각 항목에 있어 통계적으로 유의미한 차이를 보이고 있다. 전체적으로 청소년들에 비하여 대학생들이 '한국교회, 한국교회 내 교회학교, 가정 내 신앙교육'에 대한 부정적인 인식을 보여주고 있다. 특히 '한국교회의 지속적인 성장과 교회 내 교회학교의 성장'에 대해 보다 부정적으로 인식하고 있다. 교회학교와 가정 신앙교육을 가장 직접적으로 겪은 대학생들이 한국교회의 미래 변화를 부정적으로 인식하고 있다는 점은 이들이 향후 10년 내에 한국 교회의 주도적 역할을 감당할 계층이라는 관점에서 주목해서 볼 필요가 있다. 실제로 그들이 인식하고 있는 것이 솔직하고 정확할 수도 있다. 그러나 같은 것을 보더라도 다르게 해석할 수 있도록 지도해야 할 것이다. 교회를 향한 긍정적인 관점이 필요하며, 교회를 통해 일하고, 교회가 이 시대의 소망됨을 믿음으로 고백할 수 있도록 지도하는 것이 중요하다. 이를 위해 구체적으로 성경이 말하고 있는 교회의 영광스러움, 교회를 통해 일하시는 하나님을 가르칠 필요가 있다.

미래세대에 대한 기대와 비전을 건강하게 품을 수 있도록 지도해야 한다.

#다음세대 #글쎄요 #자신없음 #부담스러움

<다음세대에 대한 기대> 인식의 차이를 분석해 보면, 청소년과 대학생 모두 '다음세대가 신앙생활은 할 것 같지만 기성세대보다는 못할 것 같다'고 인식하고 있다. 구체적으로 항목을 살펴보면, '다음세대들은 기성세대보다 하나님을 잘 섬길 것 같다'의 항목에 '그렇지 않다'로 응답하고 있는 것에 비해 '다음세대들은 신앙생활을 하지 않을 것 같다'의 항목에서는 '그렇지 않다'라고 응답하였다. 이러한 양가적 반응을 나타내는 것을 볼 때, 다음세대의 신앙에 대한 '확신이 없음' 혹은 '자신 없음'을 추론해 볼 수 있다. 이 가운데서도 근소하지만 유의미한 차이로 대학생들이 청소년들보다 부정적으로 인식하고 있음을 확인할 수 있다. 이는 대학생들이 청소년들보다 더 기성세대에 가까이 있으면서 기성세대의 모습을 보았고, 머지않아 그들의 위치가 될 것이기에 더 큰 '자신없음'으로 드러난 것이 아닌가 추측해 볼 수 있다. 또한 기성세대의 열정적이고 헌신적인 모습이 이들에게는 그저 부담으로만 느껴질 수도 있음도 예상 가능한 부분이다. 이에 대해 개체교회는 다음세대가 본질적으로 하나님 앞에서 신앙생활을 하며, 믿음으로 성장할 수 있도록 지도해야 할 것이며, 이를 통해 그들 스스로도 미래세대에 대한 기대와 비전을 건강하게 품을 수 있도록 지도해야 할 것이다.

다음세대들은 성경의 중요성을 알고 있다.

#말씀에_목마르다 #말씀_중심 #Keep_going

신앙생활 요구도를 분석했을 때 청소년들과 대학생들 모두에게서 '성경 읽기'와 '성경공부 참여하기'가 제1사분면에 위치하고 있음을 확인할 수 있다. 이는 다음세대들이 한 목소리로 '성경'이 미래에 중요하지만 현재에는 그것이 충족되지 않는다고 응답한 것이다. 그러므로 개체 교회와 담당교역자 및 전문사역자들은 말씀의 중요성은 알지만, 실제로 누리고 있지 못하는 청소년과 대학생들에게 성경 읽기와 성경공부를 위한 기회를 계속해서 제공할 필요가 있다. 특히 일상 속에서도 하나님 말씀 읽기를 계속할 수 있도록 성경 읽기 표를 제공하거나 성경을 함께 읽는 시간, 모임을 정하는 것도 좋다. 성경을 함께 읽고자 다짐하는 그룹을 모아서 매일 서로를 독려하고 묵상을 나누는 것도 좋은 방법이다. 또한 『날마다 주님과 Teen』(청소년용), 『날마다 주님과』(청년대학용) 등과 같은 각 연령층을 대상으로 한 QT교재를 활용하여 같은 본문을 묵상하고 나눌 수 있도록 하는 방법도 좋겠다. 또한, '온라인 성경공부'의 가능성과 참여 여부에 가장 긍정적으로 반응한 대학청년그룹을 대상으로 온라인 성경공부를 해보는 것도 하나의 방법이다. 이때 개인적으로 성경을 공부하고 묵상하는 데 도움이 되는 서적 혹은 영상을 공유하는 것도 추천하는 바이다.

Creative Ministries 2025 for the YOU.T.H. *plus(+)* No.3
"H: healthy the life(다음세대 일상생활 지도 방향)"

청소년들의 신체적, 정신적 건강을 케어(care)해 주어야 한다.

#신체_정신_건강상태_적신호

코로나19 상황이 2년 이상 지속되면서 '청소년들의 신체적, 정신적 건강상태에 대한 인식'이 다소 부정적으로 변했음을 볼 수 있다. 이것은 특정 학교급에만 나타나지 않고 중학생, 고등학생, 기타 홈스쿨링, 대안학교 모든 학교급에 해당된다. 이를 극복하기 위해 교회교육의 방향을 맞추어 신체적, 정신적 건강을 케어care할 필요가 있다. 신체적으로는 다양한 스포츠 활동을 비롯한 활동적인 프로그램을 만들고, 정신적으로는 고민, 가정, 진로, 신앙 등의 전인적 기독교 상담 지원 프로그램을 구성해 볼 것을 제안한다.

다음세대의 자발성을 기르는 것이 시급하다.

#자기세계의_파도에_올라타기 #In_Christ #MZ세대 #이해와_존중

교회 사역을 위한 요구도를 분석하였을 때, 청소년과 대학생 모두에게서 '학생의 개인적 요인(참여, 관심 등)'이 제 1사분면의 영역에 속하였다. 즉, 다음세대 모두가 '학생의 개인적 요인(참여, 관심 등)'을 최우선적으로 요구하고 있다는 것이다.

이는 MZ세대의 가장 큰 특징으로, 각자의 세계를 다 가지고 있으며 자신의 주관과 생각을 확고히 하는 특성을 그대로 반영한다. 그렇기에 교회 사역을 위한 요구도에 있어서도 신앙양육 프로그램, 담임목사의 리더십, 교회 교사를 위한 교육 등을 모두 제치고 가장 최우선적으로 요구되는 것이 '학생의 개인적 요인(참여, 관심 등)'이라고 응답했다. 다시 말해, 학생의 자발성이 더 중요해진 것이다. 실제로 현장에서도 점점 '학생의 개인적 요인(참여, 관심 등)'에 따라 참여도와 적극성이 달라짐을 확인할 수 있다. MZ세대 청소년, 대학생들의 중심에 복음이 있도록 하는 것이 중요하다. 복음이 그들의 세계 안에 있을 때, 시대의 흐름을 넘어 흔들림 없는 신앙고백자로 살아가리라 기대해볼 수 있다. 이를 위해 교회는 '이해'와 '존중'을 바탕으로 다음세대에 접근해야 할 것이다. 또한 중학생을 비롯한 청소년들도 교사나 부모에 의존하는 것이 아니라 능동적으로 교회활동에 참여하고 교회 활동을 펼쳐갈 수 있도록 기회를 부여하는 것이 필요하다.

다음세대의 공동체 의식이 우려된다.

#비대면_장기화 #어색해진_우리_사이

코로나19로 인한 신앙적 변화 인식을 살펴보면, 청소년들과 대학생들 모두 교제의 시간이 늘어났는지에 대한 문항이 '그렇지 않다'고 응답하였다. 그뿐 아니라 분반공부를 비롯한 여러 모임을 통해 자연스럽게 교제가 일어나기 마련인데, 이마저도 늘어나지 않았다고 응답하였다. 더불어 교회의 대면&비대면 심방과 친구, 가족과의 신앙 관련 대화가 늘어나지 않았다고 응답한 것으로 볼 때 전체적으로 관계성을 비롯하여 공동체 의식을 쌓아가는 일이 잘 진행되지 못하고 있음을 확인할 수 있다. 신앙과 생활에 있어서 성도의 교제는 매우 중요한 의미를 지닌다. 이런 맥락에서 공동체성을 회복하려는 노력들이 필요하다. 담당 교역자와 교사를 비롯한 사역자들과 다음세대 간의 공동체성 회복을 위해 대면&비대면 심방의 빈도를 높여야 할 것이다. 온라인/오프라인 심방을 통하여 삶을 나누고 마음을 나누는 것이 중요하다. 또한 학생들간의 공동체 의식을 유지하고 높일 수 있는 노력들이 필요하다. 예를 들어, 순서를 정하여 온라인 일기를 돌아가며 쓰고, 맴버들이 댓글로 서로의 삶에 관심과 사랑을 표현하는 방법도 있다. 뿐만 아니라 공동체를 위해 함께 기도하는 것이 필요하다. 기도제목을 공유하고 기도할 수 있는 장을 마련할 필요가 있다. 그 외에도 코로나 상황을 고려하여 온라인 수련회나 작은 단위의 대면 모임을 할 수 있고, 소그룹 교제(마니또, 짝꿍을 이어주는 형식), 비대면 교제(온라인 레크레이션) 등도 유용한 방법이다.

부록 3

설문지

※ 다음은 귀하의 개인배경에 대한 질문입니다. 귀하에게 해당되는 번호 옆 빈칸에
   ✔ 표시를 해주시기 바랍니다.

1) 성별은?
   ① 남 ② 여

2) 섬기시는 교회가 소속된 지역은 어디입니까?
   __① 서울   __② 부산   __③ 대구   __④ 인천   __⑤ 광주
   __⑥ 대전   __⑦ 울산   __⑧ 경기   __⑨ 강원   __⑩ 충북
   __⑪ 충남(세종) __⑫ 전북   __⑬ 전남   __⑭ 경북   __⑮ 경남
   __⑯ 제주

3) 섬기시는 교회가 소속된 지역 특성은 어떠합니까?
   ① 광역시 ② 90-20만 중규모도시 ③ 15만-5만 소규모도시 ④ 읍과 면 ⑤ 도서지방 및 선교지

4) 섬기시는 교회의 출석교인은 몇 명입니까?
   ① 50명 이하 ② 50-150명 ③ 150-300명 ④ 300-600명 ⑤ 600-1000명
   ⑥ 1000명 이상

5) 섬기시는 부서는?
   ① 영유아·유치부 ② 초등 1·2부 ③ 중등부 ④ 고등부 ⑤ 대학부

6) 섬기시는 부서의 출석인원은 몇 명입니까?
   ① 10명 이하 ② 11-20명 ③ 21-40명 ④ 41-60명 ⑤ 61-100명 ⑥ 101-200명
   ⑦ 201명 이상

6) 직분은?
   ① 부목사(전임) ② 부목사(파트) ③ 강도사 ④ 교육전도사(신대원)
   ⑤ 교육전도사(학부) ⑥ 전도사(기타)

7) 사역 년차는?
   ① 1-5년 ② 6-10년 ③ 10-20년 ④ 30년 이상

1. 포스트코로나 이후 교회사역의 핵심 영역 및 관리 사항

아래의 문항은 교회사역에 필수적인 6가지 영역(신체적, 지성적, 정서적, 사회적, 도덕적, 영적)에 관한 질문입니다. 해당되는 항목을 보시고 현재의 자신의 관심 및 선호도와 가까운 미래에 필요 및 중요도에 따라 표기해 주시면 감사하겠습니다.

현재 자신이 관심있고 선호하는 정도를 표기하세요.					항목	가까운 미래에 자신에게 필요하고 중요한 정도를 표기하세요.				
현재 선호도						미래 중요도				
선호하지 않음 <---> 선호함					신체적(육체적) 관리 영역	중요하지 않음 <---> 중요함				
①	②	③	④	⑤	일상생활에서 틈틈이 맨손체조나 스트레칭을 통한 건강 관리	①	②	③	④	⑤
①	②	③	④	⑤	일정한 시간에 잠들고, 일정한 시간에	①	②	③	④	⑤
①	②	③	④	⑤	깨어 일어남을 통한 수면 관리	①	②	③	④	⑤
①	②	③	④	⑤	정기적으로 의사 등 전문가를 만나 지병 관리	①	②	③	④	⑤
①	②	③	④	⑤	식사 시 적당량을 통한 음식 관리	①	②	③	④	⑤
①	②	③	④	⑤	식사 시 영양소를 고려한 음식 관리	①	②	③	④	⑤
①	②	③	④	⑤	늦은 밤 자기 전에 야식 절제	①	②	③	④	⑤
①	②	③	④	⑤	스마트폰이나 컴퓨터, TV 등 전자기기 절제	①	②	③	④	⑤
①	②	③	④	⑤	유산소운동을 일주일에 3회 이상 신체 관리	①	②	③	④	⑤
①	②	③	④	⑤	몸이 아프거나 이상이 생길 것 같은 느낌이 있을 때 적절한 조치를 통한 신체관리	①	②	③	④	⑤
①	②	③	④	⑤	금주와 금연을 통한 건강관리	①	②	③	④	⑤

현재 선호도 (선호하지 않음 <---> 선호함)					항목 — 지성 및 교양 관리 영역	미래 중요도 (중요하지 않음 <---> 중요함)				
①	②	③	④	⑤	사역 전문성 강화를 위한 학위과정(석사 및 박사) 등록	①	②	③	④	⑤
①	②	③	④	⑤	동료들과의 정례적인 사역 관련 스터디 활동	①	②	③	④	⑤
①	②	③	④	⑤	기관 및 단체의 교육세미나 참여 활동	①	②	③	④	⑤
①	②	③	④	⑤	규칙적인 독서 활동	①	②	③	④	⑤
①	②	③	④	⑤	정기적인 뉴스 검색 활동	①	②	③	④	⑤
①	②	③	④	⑤	온라인(동영상) 교육 참여 활동	①	②	③	④	⑤
①	②	③	④	⑤	일반 사회 교육기관(평생교육원 등) 참여 활동	①	②	③	④	⑤
①	②	③	④	⑤	자기 계발을 위한 해외 연수 활동	①	②	③	④	⑤
①	②	③	④	⑤	멘토를 통한 학습활동	①	②	③	④	⑤

현재 선호도 (선호하지 않음 <---> 선호함)					항목 — 정서 관리 영역	미래 중요도 (중요하지 않음 <---> 중요함)				
①	②	③	④	⑤	개인의 분노 조절 및 관리	①	②	③	④	⑤
①	②	③	④	⑤	일상생활 중 자신감 회복	①	②	③	④	⑤
①	②	③	④	⑤	개인의 불안 및 초조에 대한 조절 및 관리	①	②	③	④	⑤
①	②	③	④	⑤	사역 내 집중력 관리	①	②	③	④	⑤
①	②	③	④	⑤	개인의 문제해결력 관리	①	②	③	④	⑤
①	②	③	④	⑤	평정심 유지	①	②	③	④	⑤
①	②	③	④	⑤	외로움 극복	①	②	③	④	⑤
①	②	③	④	⑤	낮은 자존감에 따른 자기 비하	①	②	③	④	⑤
①	②	③	④	⑤	자신에 대한 긍정적인 인식	①	②	③	④	⑤

현재 선호도 (선호하지 않음 <---> 선호함)					항목 — 사회성 관리 영역	미래 중요도 (중요하지 않음 <---> 중요함)				
①	②	③	④	⑤	사회활동을 통해 사람들과의 교제	①	②	③	④	⑤
①	②	③	④	⑤	사회활동이 주는 삶의 활력	①	②	③	④	⑤
①	②	③	④	⑤	혼자 집에 있는 것보다 사회활동이 주는 즐거움	①	②	③	④	⑤
①	②	③	④	⑤	공동체 소속감	①	②	③	④	⑤
①	②	③	④	⑤	공동체를 통해 안정감	①	②	③	④	⑤
①	②	③	④	⑤	개인의 삶을 통한 사회 기여	①	②	③	④	⑤
①	②	③	④	⑤	공동체 내 개인적 가치와 의미	①	②	③	④	⑤
①	②	③	④	⑤	적극적으로 사회적 모임 참여	①	②	③	④	⑤
①	②	③	④	⑤	사회적 모임 참여에 따른 감사한 마음	①	②	③	④	⑤

현재 선호도 (선호하지 않음 <---> 선호함)					항목 — 윤리(도덕)성 관리 영역	미래 중요도 (중요하지 않음 <---> 중요함)				
①	②	③	④	⑤	인격체로서 타인에 대한 존중	①	②	③	④	⑤
①	②	③	④	⑤	일상생활 내 타인에 대한 정직	①	②	③	④	⑤
①	②	③	④	⑤	타인의 안위를 위한 정확한 의견 제시	①	②	③	④	⑤
①	②	③	④	⑤	윤리적으로 최선의 것을 선택하기 위한 토론	①	②	③	④	⑤
①	②	③	④	⑤	윤리성에 대한 개인적 성찰	①	②	③	④	⑤
①	②	③	④	⑤	타인이 느끼는 감정에 대한 공감	①	②	③	④	⑤
①	②	③	④	⑤	고통당하는 타인에 대한 연민	①	②	③	④	⑤
①	②	③	④	⑤	전문성에 근거한 사역 수행	①	②	③	④	⑤

현재 자신이 관심있고 선호하는 정도를 표기하세요. 현재 선호도					항목	가까운 미래에 자신에게 필요하고 중요한 정도를 표기하세요. 미래 중요도				
선호하지 않음 <---> 선호함					신앙 관리 영역	중요하지 않음 <---> 중요함				
①	②	③	④	⑤	정기적인 기도	①	②	③	④	⑤
①	②	③	④	⑤	규칙적인 성경 묵상	①	②	③	④	⑤
①	②	③	④	⑤	경건 서적 읽기	①	②	③	④	⑤
①	②	③	④	⑤	신앙 주제 대화	①	②	③	④	⑤
①	②	③	④	⑤	교회 지체과의 교제	①	②	③	④	⑤
①	②	③	④	⑤	신학 공부	①	②	③	④	⑤
①	②	③	④	⑤	정기적인 심방	①	②	③	④	⑤
①	②	③	④	⑤	규칙적인 예배	①	②	③	④	⑤
①	②	③	④	⑤	정기적인 전도	①	②	③	④	⑤

2. 포스트코로나 이후 사역의 방향

포스트코로나 시대의 다음세대 교회 사역을 위해 가장 중요한 요인은 무엇이라고 생각하시는지요. 다음의 제시된 요인에 대해 귀하가 생각하는 현재 선호도와 미래 중요도를 해당 번호에 응답해주시기 바랍니다(반드시 양쪽 모두에 응답).

> ※ 현재 선호도는 '**현재 생각하는 것**'이고 미래 중요도는 '**미래에는 중요하다고 생각하는 것**'입니다.

<⑤ 매우 높다 ④ 조금 높다 ③ 보통이다 ② 조금 낮다 ① 매우 낮다>

현재 선호도					교회 사역 요인	미래 중요도				
⑤	④	③	②	①	1) 담임목사의 리더십	⑤	④	③	②	①
⑤	④	③	②	①	2) 담임목사의 목회철학	⑤	④	③	②	①
⑤	④	③	②	①	3) 교역자의 현장사역 전문성	⑤	④	③	②	①
⑤	④	③	②	①	4) 교회학교 교사의 헌신	⑤	④	③	②	①
⑤	④	③	②	①	5) 학생의 개인적 요인(참여, 관심 등)	⑤	④	③	②	①
⑤	④	③	②	①	6) 교회학교 신앙양육 프로그램	⑤	④	③	②	①
⑤	④	③	②	①	7) 학부모의 관심	⑤	④	③	②	①
⑤	④	③	②	①	8) 전도 활동	⑤	④	③	②	①
⑤	④	③	②	①	9) 다음세대 재정 지원	⑤	④	③	②	①
⑤	④	③	②	①	10) 성도들의 교회교육에 대한 관심	⑤	④	③	②	①
⑤	④	③	②	①	11) 총회 및 노회의 지원과 관심	⑤	④	③	②	①
⑤	④	③	②	①	12) 총회 산하 교육기관의 지원 (총회교육원, SFC 등)	⑤	④	③	②	①
⑤	④	③	②	①	13) 심방 활동	⑤	④	③	②	①
⑤	④	③	②	①	14) 교회학교 교사를 위한 교육	⑤	④	③	②	①
⑤	④	③	②	①	15) 기도 활동	⑤	④	③	②	①

담임목사로서 섬기는 데 어려움이 있다면, 그 원인은 어디에 있다고 생각합니까?

1순위(　　) 2순위(　　)

---

① 사역자로서의 열정 부족 ② 사역자로서의 전문성 부족(성경교수방법, 학생발달이해 등)
③ 개인적인 시간부족(과중한 교회사역) ④ 성도들과의 공감대 및 관계형성의 어려움
⑤ 부교역자와의 관계형성의 어려움 ⑥ 교육기관 교사와의 관계형성의 어려움
⑦ 교회의 지원부족(재정 및 훈련지원등)

포스트코로나 이후 예상되는 한국교회 변화에는 어떤 것이 있을 것이라 생각하시는 지요. 아래의 변화 가운데 가장 크게 변화될 것 두 가지만 선택해 주십시오.

1순위(　　) 2순위(　　)

---

① 교회출석 교인수의 감소 ② 소형교회의 어려움
③ 주일학교 학생 감소의 가속화 ④ 코로나 이전보다 공동체성의 약화
⑤ 온라인예배/콘텐츠의 강화 ⑥ 교회내 모임, 공동식의 축소
⑦ 현장예배 강화 ⑧ 온라인 교회 생성 ⑨ 공동체성 강화
⑩ 국내외 선교/봉사사업 축소 ⑪ 교회간/지역사회와의 연대증가
⑫ 장노년층을 위한 활동

포스트코로나 이후 무엇이 한국교회의 가장 큰 위협 요소가 될 것이라고 생각합니까?

1순위(　　) 2순위(　　)

---

① 사회적 신뢰도 하락(부정적 이미지) ② 저출산 ③ 이념화/정치활동
④ 개신교에 대한 언론의 편향성 ⑤ 나홀로 문화확산
⑥ 유튜브 SNS 등의 소셜 미디어 발달 ⑦ 레저문화/활동 등의 확산 ⑧ 고령화

♣ 설문에 응답해주셔서 대단히 감사합니다 ♣